DAS JAHR IM BILD
1998

CARLSEN

1. Auflage 1998
DAS JAHR IM BILD wurde am 31. Oktober 1998 redaktionell abgeschlossen.
Die Monate November und Dezember 1998 erfaßt das nächste Jahrbuch.
DAS JAHR IM BILD erscheint seit 1959. Dies ist der 40. Band der Reihe.

Copyright © 1998 by Carlsen Verlag GmbH, Hamburg
Fotos: dpa, Hamburg und Frankfurt (Main)
Gestaltung: Buchholz/Hinsch/Hensinger
Text: Brigitte Beier
Redaktion: Anke Knefel, Till Martin
Gesamtherstellung: Neef+Stumme GmbH & Co. KG, Wittingen
ISBN 3-551-45098-6 · Printed in Germany

INHALT

| November 97 | Seite 15 | Dezember 97 | Seite 25 | Januar 98 | Seite 33 |

| Februar 98 | Seite 43 | März 98 | Seite 57 | April 98 | Seite 63 |

| Mai 98 | Seite 75 | Juni 98 | Seite 83 | Juli 98 | Seite 89 |

| August 98 | Seite 95 | September 98 | Seite 101 | Oktober 98 | Seite 111 |

Chronik   Seite 117

Register   Seite 142

Spektakuläre Tricktechnik in Hollywood-Manier und eine Liebesgeschichte nach bewährtem Rezept sorgen dafür, daß sich der Film „Titanic" über den Untergang des Luxusliners zum Kassenschlager entwickelt.

Nach heftigem Regen stehen im August und September bis zu zwei Drittel der Fläche von Bangladesch, ohnehin eines der ärmsten Länder der Welt, unter Wasser; 25 Millionen Menschen werden obdachlos. Das Foto zeigt Bewohner von Narayanganj vor einem Lastwagen mit gereinigtem Wasser.

Auf dem Balkan herrscht wieder Bürgerkrieg: Die Krise um die mehrheitlich von Albanern bewohnte südserbische Provinz Kosovo eskaliert 1998 zur offenen militärischen Auseinandersetzung zwischen jugoslawischen Sicherheitskräften (Foto) und der nach Unabhängigkeit strebenden albanischen Befreiungsarmee UCK.

Gerhard Schröder, Kanzlerkandidat der SPD, am Abend des 27. September in Siegerpose. Seine Partei hat bei der Bundestagswahl einen grandiosen Erfolg errungen und wird mit den Bündnisgrünen die neue Regierung bilden. Die Ära Kohl geht nach 16 Jahren zu Ende.

Alle Beschwörungen des Teamgeistes helfen nichts: Durch ein 0:3 gegen Kroatien scheidet die deutsche Elf im Viertelfinale aus dem WM-Turnier aus. Bundestrainer Berti Vogts macht zunächst weiter, erklärt aber nach einem schwachen Auftreten der deutschen Mannschaft gegen Malta und Rumänien im September seinen Rücktritt.

Der Gigant „Ho", der den asiatischen Kontinent symbolisiert, überquert den Pont Neuf in Paris. Zur Eröffnung der Fußball-Weltmeisterschaft ziehen vier solcher Riesenfiguren in einer aufsehenerregenden Inszenierung durch die Seine-Metropole.

NOVEMBER

Leipziger Hauptbahnhof in neuem Glanz
Königin Elisabeth und Prinz Philip feiern goldene Hochzeit
Terroranschlag auf Touristen in Luxor

Bei dem weltweit blutigsten Terroranschlag auf Touristen, den es je gegeben hat, sterben am 17. November 1997 vor dem Hatschepsut-Tempel in der oberägyptischen Stadt Luxor 58 ausländische Besucher und vier Ägypter.

Die sechs mit Maschinenpistolen bewaffneten Attentäter schießen wahllos in die Menge und gehen mit Messern auf die wehrlosen Touristen los. Die Männer, die sich durch Polizeiuniformen getarnt haben, verfolgen Flüchtende bis ins Innere der altägyptischen Tempelanlage und werden schließlich von ägyptischen Sicherheitskräften überwältigt und erschossen.

Der Anschlag in Luxor, zu dem sich die islamistische Organisation „Gamaa Islamija" bekennt, ist der grausame Höhepunkt einer Welle von Terrorakten in Ägypten, die sich gegen Ausländer richten; Urheber der Anschläge sind fundamentalistische Gruppierungen. Die religiösen Fanatiker wollen den weltlich organisierten und westlich orientierten ägyptischen Staat, der einen Großteil seiner Deviseneinnahmen aus dem Fremdenverkehr bezieht, an einer empfindlichen Stelle treffen.

Obwohl die ägyptische Regierung mit großer Härte gegen gefaßte Terroristen vorgeht – seit 1992 wurden 60 Gewalttäter hingerichtet – und nach dem Anschlag von Luxor die Sicherheitsvorkehrungen noch einmal verschärft, erreichen die Fundamentalisten ihr Ziel: Der Fremdenverkehr im Land am Nil geht dramatisch zurück.

Foto: Ein bewaffneter Soldat steht Wache vor der berühmten Cheops-Pyramide in Gizeh.

NOVEMBER 1997

An den deutschen Hochschulen gärt es. Mit Streiks und Demonstrationen (Foto gegenüberliegende Seite oben aus Berlin) wenden sich die Studenten gegen die unzureichende finanzielle und personelle Ausstattung der Universitäten und gegen die niedrigen BAföG-Sätze. Gipfel der Proteste ist eine zentrale Kundgebung in Bonn am 27. November 1997, an der 40 000 Studenten teilnehmen. Zwar äußern Politiker aller Couleur Sympathie für die Nöte der Studenten, doch es folgen keine Taten. Bund und Länder schieben sich gegenseitig die Verantwortung für die Misere zu.

Nach zweijähriger Umbauzeit präsentiert sich der Leipziger Hauptbahnhof seit dem 12. November 1997 in neuem Glanz: Der größte Kopfbahnhof Europas hat auf dem 300 Meter langen Querbahnsteig eine Einkaufsmeile mit etwa 140 Geschäften und Gastronomiebetrieben erhalten (Foto gegenüberliegende Seite unten).

Seit dem 6. November 1997 ist das New Yorker Guggenheim-Museum mit einer Ausstellungshalle im Gebäude der Deutschen Bank an der Berliner Prachtstraße Unter den Linden präsent. Die erste Wechselausstellung des „Kunst-Konzerns" Guggenheim in der deutschen Hauptstadt ist dem Maler Robert Delaunay (1885–1941) gewidmet, zu dessen bevorzugten Motiven der Pariser Eiffelturm gehört (Foto links).

NOVEMBER 1997

Im Herbst 1997 legen die französischen Lkw-Fahrer wieder einmal mit Protestaktionen den Fernverkehr lahm, um ihre Forderungen gegenüber den Arbeitgebern durchzusetzen. Von den Blockaden an den Grenzen und auf den französischen Autobahnen ist auch der internationale Güterverkehr betroffen. Ging es den Truckern im Vorjahr noch um eine Herabsetzung des Rentenalters von 60 auf 55 Jahre, so stehen diesmal Lohnerhöhungen an erster Stelle in ihrem Forderungskatalog. Fünf Tage dauern die Blockaden, bis sich die wichtigsten Arbeitgeberverbände des Transportgewerbes und die Gewerkschaft CFDT, die etwa vier Fünftel aller französischen Fernfahrer vertritt, am 7. November 1997 auf ein Abkommen einigen. Vorgesehen ist zunächst eine sechsprozentige Lohnerhöhung rückwirkend ab 1. Oktober. Erst vom 1. Juli 2000 an sollen qualifizierte Trucker die geforderten 10 000 Francs monatlich für 200 Arbeitsstunden erhalten.
Foto: Blockade französischer Lkws an der deutsch-schweizerischen Grenze bei Basel.

NOVEMBER 1997

Der chinesische Staats- und Parteichef Jiang Zemin (Foto oben, mit US-Präsident Bill Clinton) beendet am 2. November 1997 eine einwöchige USA-Reise. Der Besuch – der erste eines chinesischen Staatsoberhaupts seit zwölf Jahren – ist von Meinungsverschiedenheiten in der Frage der Menschenrechte gekennzeichnet: Clinton pocht darauf, daß diese Rechte universelle Gültigkeit hätten, Jiang verweist auf unterschiedliche Voraussetzungen in beiden Ländern. Gleichwohl bleibt das Treffen nicht ohne Ergebnisse: So will Clinton den Verkauf von Atomkraftwerken an China freigeben, und es soll ein „heißer Draht" zwischen Washington und Peking eingerichtet werden.

Zwei Wochen nach dem Abschluß von Jiang Zemins USA-Besuch, am 16. November 1997, wird der chinesische Dissident Wei Jingsheng (Foto rechts) aus der Haft in Peking entlassen und „aus medizinischen Gründen" – so die offizielle Sprachregelung – in die USA abgeschoben. Der 47jährige leidet unter Herz- und Rückenbeschwerden und soll in den Vereinigten Staaten ärztlich behandelt werden. Wei, der „Vater der Demokratiebewegung" in China, saß mit einer halbjährigen Unterbrechung seit 1979 in chinesischen Gefängnissen ein. Bei einer Rückkehr nach China droht ihm eine neuerliche Festnahme.

NOVEMBER 1997

Nach seiner Rückkehr aus den USA empfängt der chinesische Staats- und Parteichef Jiang Zemin hohen Besuch aus Moskau: Der russische Präsident Boris Jelzin kommt nach Peking, um mit Jiang am 10. November 1997 eine Grenzerklärung zu unterzeichnen. Sie legt die seit Jahrzehnten andauernden Streitigkeiten über den Verlauf der 4300 Kilometer langen Grenze zwischen Rußland und China in ihrem östlichen Abschnitt bei. Foto oben: Stürmische Umarmung nach der Unterzeichnung der Erklärung.

Für den Bau des größten Wasserkraftwerks der Welt wird der Jangtse-Fluß in Zentralchina am 8. November 1997 am Ausgang der berühmten Drei Schluchten gesperrt. Innerhalb von sechs Jahren soll eine 185 m hohe und 2309 m breite Staumauer errichtet werden. Während dieser Zeit fließt der drittlängste Strom der Erde im Drei-Schluchten-Gebiet durch einen 350 m breiten und 3726 m langen schiffbaren Kanal neben der Baustelle. Das Mammutprojekt, das erst im Jahr 2009 vollkommen fertiggestellt sein soll, ist wegen der Umsiedlung von 1,3 Millionen Menschen, der technischen und finanziellen Risiken und der kaum vorhersehbaren Folgen für Natur und Umwelt umstritten.

NOVEMBER 1997

Während drei ihrer vier Kinder auf gescheiterte Ehen zurückblicken, können sich die britische Königin Elisabeth II. und Prinzgemahl Philip, Herzog von Edinburgh, über ein halbes Jahrhundert Seite an Seite freuen. Höhepunkt der zweitägigen Festlichkeiten zu ihrem 50. Ehejubiläum ist nach dem Wunsch der Monarchin ein Dankgottesdienst in der Londoner Westminster Abtei am 20. November 1997. Mit den Goldhochzeitern feiert die größte Versammlung gekrönter Häupter in Europa seit der Krönung der Queen im Jahr 1953: Sieben Könige, zehn Königinnen und Königsgemahlinnen, zwei Prinzgemahle und ein Großherzog sowie 26 Prinzen und 27 Prinzessinnen sind zu dem Freudentag im Hause Windsor an die Themse gekommen.
Foto: Fröhlich stimmen alle ein – Königin Elisabeth, Prinz Philip, Kronprinz Charles, seine Söhne William und Harry sowie seine jüngeren Brüder Prinz Andrew und Prinz Edward (von rechts) beim Gottesdienst in der Westminster Abtei.

NOVEMBER 1997

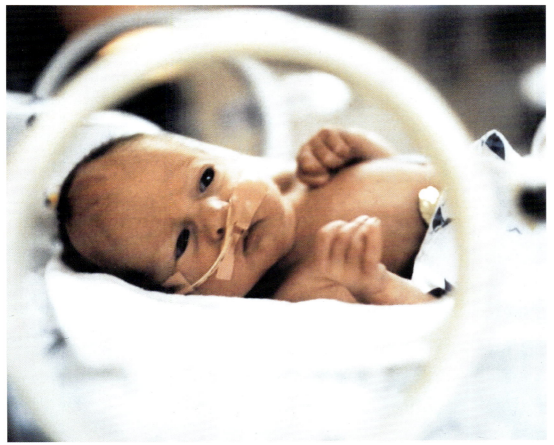

Mit Tränen in den Augen geben die Chefs des japanischen Wertpapierhauses Yamaichi Securities, Shohei Nozowa und Shoji Saotome, am 24. November 1997 in Tokio den Konkurs ihres Unternehmens bekannt (Foto oben). Die größte Firmenpleite in der japanischen Geschichte steht im Zusammenhang mit der Krise, die seit Oktober 1997 die Finanzmärkte in Asien erschüttert.

„Nur" einer von sieben: Kenneth McCaughey (Foto links) kommt am 25. November 1997 mit sechs Geschwistern in einem Krankenhaus in Des Moines im US-Bundesstaat Iowa zur Welt. Es sind die weltweit ersten Siebenlinge, die die Geburt allesamt lebend überstehen.

NOVEMBER 1997

Avantgardistische Mode aus Papier präsentieren Models auf einer Schau zum 125jährigen Bestehen des Verbandes Deutscher Papierfabriken am 26. November 1997 in Frankfurt am Main. Vom Teebeutelpapier bis zum Bütten reicht die Materialauswahl (Foto oben).

Der US-Amerikaner James Levine (Archivfoto von 1996, rechts) wird neuer Chefdirigent der Münchner Philharmoniker. Dies entscheidet der Stadtrat der Isarmetropole nach längeren öffentlichen Querelen am 20. November 1997. Levine tritt zur Saison 1999/2000 die Nachfolge von Sergiu Celibidache an, der im August 1996 starb.

DEZEMBER

Roeder-Skandal bei der Bundeswehr

Friedensnobelpreis für Anti-Minen-Kampagne

Flugzeugabsturz in Sibirien

Bei einem spektakulären Flugzeugabsturz über der sibirischen Stadt Irkutsk sterben am 6. Dezember 1997 außer den 23 Menschen an Bord mindestens 41 Bewohner eines Wohnblocks; 17 weitere Personen werden zunächst vermißt.
Nach ersten Ermittlungen hat der Bordcomputer des Unglücksflugzeugs, einer Transportmaschine der russischen Luftwaffe vom Typ Antonow An-124, aus unbekannter Ursache unmittelbar nach dem Abheben alle vier Triebwerke abgeschaltet. Die mit zwei Suchoi-Jagdflugzeugen beladene Maschine erreicht nur 70 Meter Höhe und stürzt dann in den Innenhof eines mehrstöckigen Wohnhauses am Stadtrand von Irkutsk; das Flugbenzin an Bord löst einen schweren Brand aus, der erst nach Stunden unter Kontrolle gebracht werden kann. Es ist nicht auszuschließen, daß die Leichen der vermißten Personen vollständig verkohlt sind. Ein noch größeres Unglück wird zufällig dadurch verhindert, daß wegen notwendiger Reparaturen die Gasleitungen in dem Wohngebiet stillgelegt sind. Bei Minustemperaturen zwischen 20 und 30 Grad Celsius gestalten sich die Rettungsarbeiten äußerst kompliziert. Bis zu 1600 Helfer sind pausenlos im Einsatz. Die An-124, mit einer Länge von 69,5 Metern das größte militärische Transportflugzeug der Welt, gilt u.a. wegen mangelhafter Wartung und finanziell bedingt niedriger Sicherheitsstandards als anfällig. Seit 1992 stürzten allein fünf Maschinen dieses Typs ab.

DEZEMBER 1997

Auf einem Gipfeltreffen in Luxemburg sprechen die Staats- und Regierungschefs der EU am 13. Dezember 1997 Einladungen zu konkreten Beitrittsverhandlungen an die Länder Estland, Polen, Slowenien, Tschechien, Ungarn und Zypern aus; in einen erweiterten Beitrittsprozeß sollen auch Bulgarien, Lettland, Litauen, Rumänien und die Slowakei einbezogen werden. Als einziger Beitrittskandidat bleibt die Türkei, die bereits 1987 einen ersten Antrag auf EU-Mitgliedschaft gestellt hatte, außen vor. Zur Begründung wird u.a. auf Menschenrechtsverletzungen verwiesen. Die Regierung in Ankara bricht daraufhin den Dialog mit der EU verärgert ab.

Ein Reihe von Skandalen bringt die Bundeswehr Ende 1997 ins Gerede. Im Oktober werden zwei Gewaltvideos bekannt, die in sächsischen und unterfränkischen Kasernen gedreht wurden. Am 6. Dezember sorgt die Meldung für Unruhe, daß der vorbestrafte Rechtsradikale Manfred Roeder 1995 – offenbar unerkannt – vor der Führungsakademie der Bundeswehr in Hamburg einen Vortrag über Rußlanddeutsche im Raum Königsberg gehalten und ausgesondertes Bundeswehr-Material als Hilfslieferung für Rußlanddeutsche im früher deutschen Ostpreußen erhalten hat. Foto rechts: Roeder versucht sich im Februar 1998 Zugang zum Untersuchungsausschuß über die Affäre zu verschaffen.

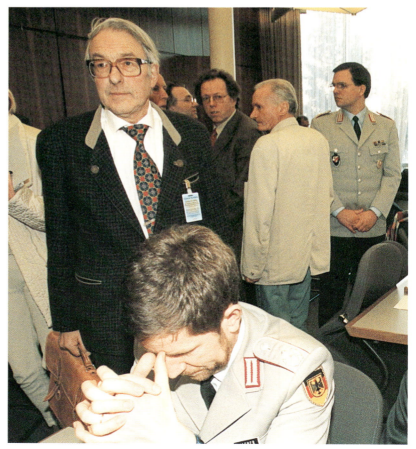

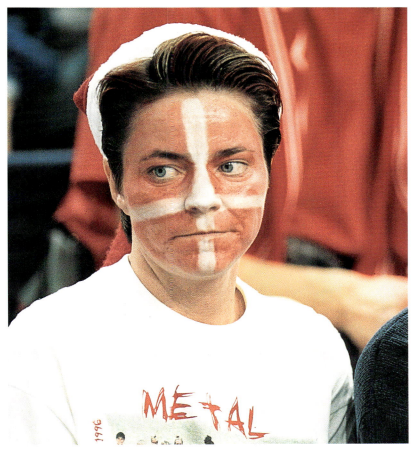

Die in Berlin ausgetragene Handball-Weltmeisterschaft der Frauen wird von einem tragischen Vorfall überschattet: Am 13. Dezember 1997 ersticht ein offenbar angetrunkener deutscher Zuschauer in der Halbzeitpause des Halbfinalspiels zwischen Dänemark und Rußland nach einem Streit zwei dänische Fans mit einem Klappmesser. Foto links: Mit ernstem Gesicht verfolgt eine dänische Zuschauerin das Endspiel am 14. Dezember, das Dänemark 33:20 gegen Norwegen gewinnt.

Mit vergifteter Marmelade versucht ein Unbekannter, den Lebensmittelhersteller Schwartauer Werke (Schleswig-Holstein) zu erpressen. In einem Marmeladenglas der Marke Schwartau Extra, das sie in einem Hamburger Supermarkt gekauft hat, entdeckt eine Kundin am 17. Dezember 1997 in der Innenseite des Schraubdeckels einen Zettel mit der Aufschrift „Vorsicht Gift"; in den folgenden Tagen werden zwei weitere mit Rattengift verseuchte Marmeladengläser sichergestellt. Der Täter, ein bis dahin unbescholtener Mann, der sich in finanziellen Schwierigkeiten befindet, wird Anfang 1998 festgenommen.

DEZEMBER 1997

Auf ihrem Weg vom Polarmeer nach Süden verirrt sich eine Gruppe von Pottwalen, statt westlich an Schottland vorbeizuschwimmen, in die Nordsee und findet keinen Ausweg mehr. Insgesamt 20 Meeressäuger werden an den niederländischen, deutschen und dänischen Küsten angeschwemmt und verenden. Allein vor der dänischen Insel Röm stranden 13 Wale; hier stirbt am 6. Dezember 1997 das letzte Tier der Gruppe.

Die Meinungen der Experten über die Ursache des Walsterbens gehen auseinander: Einige verweisen auf irreführende Magnetlinien der Erde, andere auf mögliche Ohrverletzungen der Pottwale, die ihnen die Orientierung erschwerten, doch es ist auch davon die Rede, daß die noch halbwüchsigen Walbullen aus purer Neugierde – und einem angeborenen Herdentrieb folgend – in die Nordsee geschwommen sein könnten.

Foto: Schaulustige Urlauber und Ausflügler mit einem 17 Meter langen, am Strand von Röm verendeten Pottwal.

DEZEMBER 1997

DEZEMBER 1997

Beim Absturz einer Boeing 737 der Silk-Air, einer Tochter der Singapore Airlines, über der indonesischen Insel Sumatra am 19. Dezember 1997 kommen alle 104 Insassen ums Leben, darunter auch vier Deutsche. Foto gegenüberliegende Seite oben: Massenbestattung von 93 Absturzopfern in Palembang auf Sumatra.

Am 29. Dezember 1997 läßt die Regierung von Hongkong innerhalb eines Tages alle 1,3 Millionen Hühner sowie Tauben, Enten und Gänse in der Stadt töten. Sie will damit die Ausbreitung der mysteriösen „Vogelgrippe" verhindern, an der bereits vier Menschen gestorben sind. Die Tiere gelten als Überträger des neuartigen Grippevirus. Foto gegenüberliegende Seite unten: Mitarbeiter des Landwirtschaftsamtes fangen Küken ein, um sie mit Gas zu töten.

Am 3. Dezember 1997 wird das Abkommen zur Ächtung von Landminen von 125 Staaten in Ottawa (Kanada) unterzeichnet. Die Beitrittsländer verzichten auf die Herstellung, Anwendung und Weitergabe von Anti-Personen-Minen. Obwohl die Hauptproduktionsländer USA, Rußland, China und Indien nicht beitreten, gilt die Konvention als ein großer Erfolg für die Anti-Minen-Kampagne, in der sich auch die verstorbene britische Prinzessin Diana (Archivfoto links, mit einem Minenopfer aus Angola) engagiert hatte.

DEZEMBER 1997

„Gib nicht auf!" – unter diesem Motto steht die vom spanischen Startenor José Carreras initiierte Benefiz-Gala, die bereits im dritten Jahr in Leipzig veranstaltet und am 20. Dezember 1997 live von der ARD übertragen wird. Mehr als 11 Millionen DM spenden die Zuschauer zugunsten der deutschen Carreras-Leukämiestiftung, die mit dem Erlös verschiedene medizinische Projekte unterstützen will. Carreras hat selbst vor Jahren eine Leukämie-Erkrankung überwunden.
Foto oben: Die Kelly Family probt ihren Auftritt in Leipzig.

Mit dem Europäischen Filmpreis 1997 wird am 6. Dezember in Berlin „Ganz oder gar nicht" prämiert, ein Film, der seinen Charme aus britischem Humor bezieht. Sechs arbeits- und hoffnungslose Stahlarbeiter versuchen sich in dem Film von Peter Cattaneo als Striptänzer, um sich aus ihrer Misere zu befreien, und begeistern trotz offensichtlicher Talentlosigkeit und unübersehbarer körperlicher Mängel ihr Publikum.

JANUAR

Der Papst zu Besuch auf Kuba

Australien feiert Martina Hingis und Petr Korda

Neuer „Käfer" begeistert Amerikaner

Die große Sensation auf der Autoshow im amerikanischen Detroit ist der am 5. Januar erstmals der Öffentlichkeit präsentierte „New Beetle", mit dem der Volkswagen-Konzern an den Ruhm des legendären „Käfers" anknüpfen will.
Das neue Modell weist die typischen runden Formen seines Vorgängers auf und appelliert auch mit Vase samt Plastikblume am Armaturenbrett an nostalgische Gefühle, doch technisch ist der neue „Käfer" auf der Höhe der Zeit: Der Motor sitzt nicht mehr im Heck, sondern vorn und ist zudem nicht luft-, sondern wassergekühlt. Der mit Vorderantrieb ausgestattete „New Beetle" ist mit seinem dem „Golf" entliehenen Motor zudem deutlich größer und sportlicher als der alte „Käfer", der 1985 vom Weltmarkt genommen wurde. Seit 1938 waren mehr als 21,3 Millionen Fahrzeuge vom Band gelaufen – ein bis heute unübertroffener Verkaufserfolg.
Da der „Käfer" in den USA fast noch mehr zum Mythos geworden ist als in Europa, kommt der „New Beetle" dort zuerst heraus. Die Wolfsburger wollen in einer großangelegten Offensive den größten Automarkt der Welt zurückerobern, denn statt einer halben Million Fahrzeuge wie im Boomjahr 1970 verkauft VW nur noch gut 140 000 Wagen pro Jahr in den USA. Erst ab Herbst 1998 soll der Wagen dann auch in Deutschland erhältlich sein.
Foto: Autojournalisten umringen in Detroit das Fahrzeug mit der lächelnden Vorderpartie.

JANUAR 1998

Nach einem Polizeieinsatz am 9. Januar liefern sich Jugendliche in der polnischen Provinzstadt Slupsk (Stolp) nächtelang Straßenschlachten mit der Polizei (Foto oben). Dabei werden Dutzende Beamte verletzt, etwa 100 Randalierer werden festgenommen. Auslöser des gewaltsamen Jugendprotests ist der Tod eines 13jährigen, der nach einem Basketballspiel mit Freunden zum Busbahnhof unterwegs war und Augenzeugen zufolge von Polizisten brutal niedergeschlagen wurde, als die Gruppe bei Rot die Straße überquerte. Nach offizieller Version starb der Schüler „infolge des Aufpralls seines Hinterkopfes auf einen Eisenpfosten".

Die von Karl Lehmann (Foto rechts) geleitete Deutsche Bischofskonferenz beugt sich am 27. Januar einer brieflich vorgetragenen „dringlichen Bitte" von Papst Johannes Paul II. und beschließt, daß die katholischen Beratungsstellen ab 1999 keinen Beratungsschein für Schwangere mehr ausstellen werden. Im Papst-Brief heißt es, daß die Beratung zwar dem Lebensschutz diene, mit der Ausstellung des Scheins der Frau jedoch objektiv eine straffreie Abtreibung ermöglicht werde. Die katholische Kirche will Schwangere trotzdem bei Konflikten weiter begleiten. Eine Arbeitsgruppe soll nach Wegen suchen, die eine wirksame Beratung ohne Bescheinigung gewährleisten.

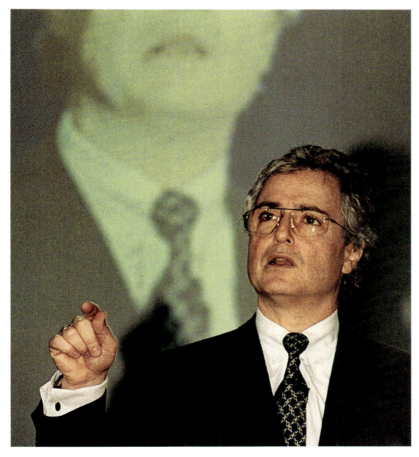

Für die Deutsche Telekom AG (Foto links: Chef Ron Sommer) beginnt mit Jahresanfang 1998 ein neues Zeitalter: Mit dem Fall des Fernmeldemonopols sieht sie sich erstmals dem Wettbewerb ausgesetzt. Neben den bundesweit antretenden Gesellschaften Arcor (Mannesmann) und Otelo (RWE/Veba) haben mehrere Dutzend kleinere Anbieter eine Lizenz erhalten. Da der Konkurrenzkampf vor allem über den Preis ausgetragen wird, verbilligt sich das Telefonieren in vielen Bereichen, doch komplizierte Tarifstrukturen erschweren den direkten Preisvergleich. Nicht zuletzt deshalb schrecken viele Telekom-Kunden vor einem Wechsel der Telefongesellschaft zunächst zurück.

Nachdem Landeswirtschaftsminister Wolfgang Clement (SPD) den Rahmenbetriebsplan für den Braunkohlentagebau Garzweiler II genehmigt hat, eskaliert der Streit über das Projekt in der rot-grünen Koalition in Nordrhein-Westfalen. Obwohl die Bündnisgrünen den Tagebau aus ökologischen Gründen ablehnen, plädiert die grüne Umweltministerin Bärbel Höhn (Foto oben, mit Parteisprecher Jürgen Trittin) auf einem Sonderparteitag am 17. Januar für einen Verbleib ihrer Partei in der Regierung. Sie erklärt, sie wolle als Ministerin weiter gegen das Projekt kämpfen. Mit 144 Ja- und 95 Nein-Stimmen sprechen sich die Delegierten für die Fortsetzung der Koalition aus.

JANUAR 1998

Das Wetter schlägt im Januar wieder einmal Kapriolen: Während Anfang des Monats heftige Stürme mit Böen bis zu elf Windstärken über Norddeutschland hinwegfegen (Foto oben: Schlepper im aufgewühlten Wasser des Hamburger Hafens), herrschen weiter südlich frühlingshafte Temperaturen bis zu 13 Grad. Foto rechts: Im japanischen Garten des Bethmann-Parks in Frankfurt am Main blüht am 13. Januar die Davidsmandel.

JANUAR 1998

Für ein Gruppenfoto ist die alte russische Raumstation „Mir" allemal gut genug: Während ihres Besuchs auf der Station posiert die Besatzung des US-Space-Shuttles „Endeavour" am 29. Januar gemeinsam mit ihren Kollegen von der „Mir". 1999 soll die reparaturanfällige Station aufgegeben werden.

Mit einem Hilferuf wendet sich der Osnabrücker Zoo am 5. Januar an die Öffentlichkeit: Das am 29. November 1997 geborene Schimpansenbaby „Sixtus" (Foto links) ist von seiner Mutter verstoßen und fast erwürgt worden. Nun sucht der Zoo für das vorübergehend von einem Pfleger betreute Flaschenkind ein neues Zuhause.

JANUAR 1998

Am 17. Januar startet in der philippinischen Hauptstadt Manila ein Marsch gegen die Kinderarbeit. Er geht am 30. Mai in Genf zu Ende, wo die Internationale Arbeitsorganisation (ILO) ihren Sitz hat. Die Initiatoren wollen mit ihrem Protest die ILO dazu drängen, die neu ausgearbeitete Konvention zur Bekämpfung der extremsten Formen der Kinderarbeit – Prostitution, sklavenähnliche Arbeitsverhältnisse, Mitwirkung an pornographischen Erzeugnissen, Beteiligung am Rauschgifthandel – rasch zu verabschieden. Weltweit arbeiten nach UNO-Schätzungen rund 300 Millionen Kinder bis zu 15 Jahren unter Bedingungen, die ihrer Entwicklung schaden.

Papst Johannes Paul II. (Foto rechts, mit Staats- und Parteichef Fidel Castro) beendet am 25. Januar mit einer Messe in Havanna seinen fünftägigen Besuch auf der Karibikinsel Kuba. Es ist die erste Reise des Oberhaupts der katholischen Kirche in das sozialistisch regierte Land. Während sich Castro von der Papst-Visite eine Aufwertung seines insbesondere von den USA geächteten Landes erwartet, hegen die kubanischen Katholiken Hoffnungen auf größere religiöse Freiheiten. Tatsächlich verurteilt der Papst während seines Aufenthalts sowohl das von den USA gegen Kuba verhängte Wirtschaftsembargo wie auch die Menschenrechtsverletzungen auf Kuba.

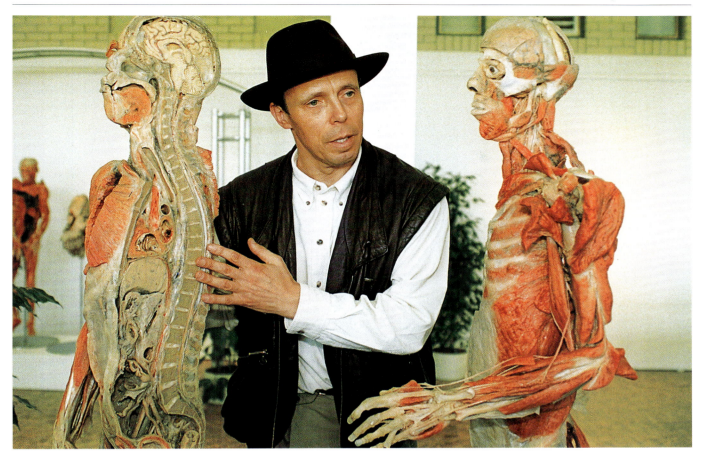

Die Mannheimer Ausstellung „Körperwelten", die nach dreimonatiger Dauer am 31. Januar zu Ende gehen sollte, wird wegen des großen Besucherandrangs um einen Monat verlängert. Gezeigt werden 200 Exponate von Leichen, die nach einem speziellen Plastinationsverfahren präpariert sind. Foto oben: Der Erfinder der Plastinationsmethode, Gunther von Hagens, mit zwei Präparaten.

Das 1926 entstandene und seit 1927 verschollene Gemälde „El mariner. Academia neocubista" von Salvador Dalí taucht wieder auf. Das Museum des Montserrat-Klosters bei Barcelona präsentiert am 22. Januar das Werk, ohne über den Vorbesitzer Auskunft zu geben.

JANUAR 1998

Erfolgreichster Teilnehmer der Schwimm-Weltmeisterschaften, die am 18. Januar im australischen Perth zu Ende gehen, ist Michael Klim (Foto oben), ein für Australien antretender gebürtiger Pole. Der 20jährige gewinnt bei sieben Starts sieben Medaillen, davon vier goldene.
Überschattet werden die Wettkämpfe von einem schweren Dopingskandal: Australische Zöllner finden im Gepäck der chinesischen Schwimmerin Yuan Yuan (Foto rechts) bei der Einreise in Sydney am 8. Januar 13 Ampullen mit verbotenen Wachstumshormonen. Vier weiteren Sportlern aus China wird anhand der Urinprobe die Einnahme nicht erlaubter Substanzen nachgewiesen. Mit einem ersten, vier zweiten und drei dritten Plätzen schneidet die deutsche Mannschaft besser ab als 1994 bei den Weltmeisterschaften in Rom. Foto gegenüberliegende Seite oben: Franziska van Almsick, Sandra Völker, Katrin Meissner und Simone Osygus (v.l.) nach dem Gewinn der Silbermedaille in der 4x100-m-Freistilstaffel.

FEBRUAR

Kräftemessen zwischen Bagdad und Washington
Seilbahnunglück in den italienischen Alpen
Olympische Winterspiele in Nagano

Am 7. Februar beginnen im japanischen Nagano die XVIII. Olympischen Winterspiele. Bis zum 22. Februar ringen 2302 Sportlerinnen und Sportler aus 72 Ländern um die Medaillen. Damit wird die Rekord-Teilnehmerzahl der Spiele von Albertville (Frankreich) 1992 um 500 übertroffen. Neue Wettbewerbe wie Damen-Eishockey, Curling und Snowboarding bereichern und verjüngen das olympische Programm, das insgesamt 68 Wettbewerbe – 37 für Männer, 29 für Frauen und zwei für Paare (Eiskunstlauf und Eistanz) – umfaßt. 1,27 Millionen Zuschauer verfolgen die Spiele vor Ort, etwa drei Milliarden Menschen sehen Bilder aus Nagano auf dem Fernsehschirm.
Erfolgreichste Nation der mit 11 Milliarden DM teuersten Olympischen Winterspiele aller Zeiten ist Deutschland mit zwölf Gold-, neun Silber- und acht Bronzemedaillen. Dabei sind die herausragenden Leistungen über fast alle Disziplinen gleichmäßig gestreut, wenn auch die deutschen Alpinski- und Eisschnellauf-Damen besonders glänzen. In der Nationenwertung folgen Norwegen (zehnmal Gold, zehnmal Silber, fünfmal Bronze) sowie Rußland mit neun ersten, sechs zweiten und drei dritten Plätzen. Die russische Ski-Langläuferin Larissa Lazutina, die bei fünf Starts fünf Medaillen holt, ist die erfolgreichste Sportlerin in Nagano.
Foto: Beklebt mit kleinen norwegischen und japanischen Flaggen, verfolgt ein junger Biathlon-Fan das 15-km-Rennen der Damen.

FEBRUAR 1998 44

Mit fairem Sportsgeist, aber auch mit Zurückhaltung verfolgen die japanischen Zuschauer die olympischen Wettbewerbe in Nagano, was für manchen Sportler aus Europa, der lautstarken Jubel gewöhnt ist, zur Belastung wird. Ein weiterer Problempunkt der Spiele ist das Wetter: Wegen heftigen Schneetreibens müssen insbesondere die Alpinski-Titelkämpfe wiederholt verschoben werden; einige Sportler klagen über unfaire Wettbewerbsbedingungen als Folge der Witterung. Foto oben: Japanisches Paar in traditioneller Tracht im Skilift auf dem Weg zu einer Folklore-Rahmenveranstaltung; Foto rechts: Aufmarsch der Sumo-Ringer bei der Eröffnungsfeier.

Der norwegische Ski-Langläufer Björn Dählie gewinnt in Nagano einmal Silber (beim 15-km-Jagdrennen in freier Technik) und dreimal Gold – mit der norwegischen 4 x 10-km-Staffel, über 10 km in klassischer sowie über 50 km in freier Technik. Völlig ausgepumpt und dem Kollaps nahe, bricht der skandinavische Ausnahmeläufer, der die letzten Reserven aus seinem Körper herausgeholt hat, nach dem 50-km-Ski-Marathon im Ziel zusammen. „Das war das härteste Rennen meines Lebens", erklärt Dählie, nachdem er wieder zu Kräften gekommen ist.

Der mittlerweile 30jährige Sportler mit der zähen Konstitution, der schon bei den Spielen im heimischen Lillehammer 1994 als Star gefeiert wurde, führt nach Nagano mit insgesamt acht olympischen Gold- und vier Silbermedaillen die Rangliste der Winter-Olympioniken an.

Das Foto zeigt Dählie auf der Strecke des 10-km-Sprints im klassischen Stil.

FEBRUAR 1998

FEBRUAR 1998

Außer im Super-G gewinnen in allen alpinen Wettbewerben deutsche Skiläuferinnen Medaillen. Katja Seizinger aus Halblech holt – wie schon 1994 in Lillehammer – Gold in der Abfahrt (Foto gegenüberliegende Seite oben) und Bronze im Riesenslalom. In der Kombination (Slalom und Abfahrt) gelingt den Athletinnen des Deutschen Skiverbandes der Hattrick: Erste wird Katja Seizinger (Foto gegenüberliegende Seite unten), die mit der zweitplazierten Martina Ertl (links) und der Bronzemedaillengewinnerin Hilde Gerg (rechts) in dichtem Schneetreiben einen Jubeltanz aufführt.

Zweimal Gold, dreimal Silber, einmal Bronze – das ist die stolze Bilanz der deutschen Eisschnelläuferinnen in Nagano. Auch hier gibt es einen Hattrick: Gunda Niemann-Stirnemann gewinnt über 3000 m vor Claudia Pechstein und Anni Friesinger. Über 5000 m hat dagegen Claudia Pechstein die Nase vorn: Sie erringt vor Niemann-Stirnemann Gold in der Weltrekordzeit von 6:59,61 Minuten und sinkt danach erschöpft aufs Eis (Foto oben, mit zwei Betreuern).

Eine sichere Bank im deutschen Team ist Georg Hackl (Foto links), der wie 1992 in Albertville und 1994 in Lillehammer auch in Nagano Gold im Rodeln holt.

FEBRUAR 1998

Zumindest in den Staffel-Wettbewerben werden die deutschen Biathleten ihrer Favoritenrolle ganz gerecht. Die Männer, die in den Einzelwettbewerben überraschend leer ausgehen, sichern sich die Goldmedaille über 4 x 7,5 km. Bei den Frauen holt Uschi Disl eine Silber- und eine Bronzemedaille, Katrin Apel gewinnt einmal Bronze. Hinzu kommt Gold in der 4 x 7,5-km-Staffel.
Foto oben: Uschi Disl, Petra Behle, Katrin Apel und Martina Zeller nach dem Erfolg im Staffelwettbewerb.

Als jüngste Olympiasiegerin geht Tamara Lipinski (Foto rechts) in die Geschichte ein. Die 15jährige US-Amerikanerin verweist ihre Teamkollegin Michelle Kwan in einem mitreißenden Kür-Duell auf Platz zwei und holt so Gold im Eiskunstlauf-Wettbewerb der Damen.

Hochzufrieden fahren Mandy Wötzel und Ingo Steuer (Foto gegenüberliegende Seite) aus Nagano nach Hause, auch wenn es gegen die russischen Paare Oksana Kazakow/Artur Dimitriew und Elena Bereschnaja/Anton Sicharulidze nur zu einer Bronzemedaille reicht – angesichts der Schulterverletzung Steuers ein Riesenerfolg für das Eiskunstlaufpaar aus Chemnitz, das zum Ende der Saison ins Profilager wechselt.

FEBRUAR 1998

FEBRUAR 1998

Der Dauerkonflikt zwischen dem Irak und den Vereinten Nationen über die UNO-Inspektionen der Rüstungsanlagen in dem arabischen Land, das sich nach der Niederlage im Golfkrieg 1991 zur Zerstörung seiner Massenvernichtungswaffen verpflichten mußte, eskaliert im Februar erneut (siehe S. 52). Foto: Angesichts US-amerikanischer Drohungen mit einem Militärschlag gegen Bagdad demonstriert eine Gruppe in weiße Tücher gehüllter Palästinenser in Gaza für den irakischen Präsidenten Saddam Hussein.

FEBRUAR 1998

UN-Generalsekretär Kofi Annan (Foto oben, links, mit dem stellvertretenden irakischen Ministerpräsidenten Tarik Asis) reist persönlich nach Bagdad, um den Konflikt mit dem Irak über die Rüstungskontrollen beizulegen. Die irakische Führung hatte UN-Inspektoren den Zugang zu acht Präsidentenpalästen verweigert und damit eine Verschärfung des Streits bis an den Rand einer militärischen Auseinandersetzung provoziert. Annan bewegt Präsident Saddam Hussein am 23. Februar zum Einlenken: Die UN-Kontrolleure dürfen die Präsidialanlagen, in denen sie die Existenz von Massenvernichtungswaffen überprüfen wollen, zeitlich unbegrenzt besichtigen.

Der Norden Afghanistans wird am 4. Februar von einem Erdbeben der Stärke 6,1 auf der Richterskala erschüttert, dem nach offiziellen Angaben 4500 Menschen zum Opfer fallen. Eine Versorgung der Überlebenden (Foto rechts) in der abgeschiedenen und unwegsamen Bergregion wird durch schlechte Witterungsbedingungen zusätzlich erschwert.
Im Mai sterben bei einem weiteren Beben in dem vom Bürgerkrieg heimgesuchten mittelasiatischen Staat etwa 5000 Menschen.

FEBRUAR 1998

Mehrere Tornados verwüsten am 23. Februar ganze Landstriche in Florida (Foto oben aus Winter Garden). Mindestens 39 Menschen kommen ums Leben, über 250 werden verletzt. Meteorologen führen die Wirbelstürme auf das Klimaphänomen El Niño zurück, das auch die Waldbrände in Südostasien mitverursacht haben soll (siehe auch S. 62, 87, 95).

Bei Cavalese in den italienischen Dolomiten zerschneidet ein US-Militärflugzeug bei einem unerlaubten Tiefflug am 3. Februar die Strahltrosse einer Seilbahn, so daß die Gondel etwa hundert Meter in die Tiefe stürzt (Foto links von der Unglücksstelle). Alle 20 Insassen sterben in den Trümmern.

FEBRUAR 1998

Bei Protesten auf Java und Lombok gegen die von der indonesischen Regierung angeordneten Preiserhöhungen sterben am 15. Februar fünf Menschen. Wiederholt kommt es in dem südostasiatischen Inselstaat zu Plünderungen und Ausschreitungen, wobei sich der Volkszorn vor allem gegen die im Handel tätige chinesische Minderheit richtet. Indonesien ist von der Finanz- und Wirtschaftskrise in Südostasien, die im Oktober 1997 und Januar 1998 zu Kursstürzen an den Börsen führte, besonders stark betroffen. Nur mit einem an harte Auflagen geknüpften kurzfristigen Milliardenkredit verhindert der Internationale Währungsfonds (IWF) den Staatsbankrott. Ursachen der „Asienkrise", die laut IWF 1998 zu niedrigen Wachstumsraten in Hongkong, Malaysia und auf den Philippinen und zum Minuswachstum in Indonesien, Südkorea und Thailand führt, sind u. a. zu hohe Auslandsschulden und durch „faule Kredite" finanzierte Großprojekte. Während sich die Krise der einst von Experten hochgelobten Tigerstaaten in den westlichen Industrieländern – nach vorübergehenden Einbrüchen auf dem Aktienmarkt im Herbst 1997 – zunächst kaum bemerkbar macht, sind die Auswirkungen auf die eng mit der Region verflochtene japanische Wirtschaft immens. Auch Tokio rechnet für 1998 mit einer Rezession.
Foto: Sorge an der Tokioter Börse.

FEBRUAR 1998

Bei Schießereien an den deutschen Grenzen zu Polen und der Schweiz werden am 10. Februar vier Zöllner getötet. Am deutsch-polnischen Übergang Ludwigsdorf erschießt ein offenbar psychisch gestörter Kasache zwei deutsche Zollbeamte. An der deutsch-schweizerischen Grenze in Konstanz sterben wenige Stunden später ein deutscher und ein schweizerischer Zöllner im Kugelhagel eines Waffenschmugglers aus Italien, der sich anschließend selbst richtet. Die Taten stehen offenbar nicht in einem Zusammenhang. Foto: Spurensicherung in dem Reisebus, aus dem auf die Zöllner in Ludwigsdorf geschossen wurde.

Die immer neuen Horrormeldungen vom deutschen Arbeitsmarkt wollen die Betroffenen nicht länger tatenlos hinnehmen. Anläßlich der Bekanntgabe der Zahlen für den Januar – in diesem Monat erreicht die Arbeitslosigkeit in Deutschland mit 4,83 Millionen einen historischen Höchststand – machen Tausende mit Kundgebungen (Foto oben aus Hamburg), Mahnwachen und Besetzungen von Arbeitsämtern am 5. Februar auf ihre Situation aufmerksam. Sie fordern von der Politik endlich wirksame Maßnahmen zur Bekämpfung der Massenarbeitslosigkeit. Die Aktionen sollen allmonatlich wiederholt werden, wenn die Arbeitslosenzahlen veröffentlicht werden.

FEBRUAR 1998　　　　　　　　　　　　　　　　　　　　　　　　　　　　　　　　　　　　　　　56

Mit einem Goldenen Bären für ihr Lebenswerk wird Cathérine Deneuve (Foto oben) am 18. Februar im Rahmen der Berliner Filmfestspiele geehrt. Die französische Schauspielerin mit dem makellosen Gesicht und der geheimnisvollen Aura wird von den Gästen einer Galaveranstaltung im Berliner Zoopalast mit herzlichem Applaus bedacht. Anschließend wird der Film „Ekel" von Roman Polanski gezeigt, mit dem Deneuve 1965 ihre internationale Karriere startete.

Der hundertste Geburtstag von Bertolt Brecht, der am 10. Februar 1898 das Licht der Welt erblickte, bietet Anlaß zum Gedenken an den Schriftsteller, der allgemein als einer der bedeutendsten deutschsprachigen Dramatiker unseres Jahrhunderts gilt. Mit seinen Lehrstücken prägte der gebürtige Augsburger, der sich nach dem Zweiten Weltkrieg in der DDR niederließ, insbesondere in den fünfziger und sechziger Jahren die Theaterlandschaft in beiden deutschen Staaten.
Foto: Die Brecht-Enkelin Johanna Schall tritt im Rahmen einer Matinee auf, zu der der Hausverlag des Dichters, der Frankfurter Suhrkamp Verlag, geladen hat.

MÄRZ

Gerhard Schröder wird SPD-Kanzlerkandidat

Brände im brasilianischen Regenwald

Elf Oscars für „Titanic"

„Ich bin der König der Welt" – mit diesen Worten reagiert Regisseur James Cameron auf die am 23. März in Los Angeles feierlich verkündete Entscheidung, seinen Film „Titanic" mit elf Oscars zu prämieren. Das Spektakel über den Untergang des Luxusliners bei der Jungfernfahrt im April 1912 erhält die Auszeichnungen als bester Film, für die beste Regie, die beste Kamera, den besten Schnitt und in diversen technischen Sparten. Außer „Ben Hur" 1959 ist kein Film mit so vielen Oscars bedacht worden.

„Titanic" ist mit 200 Millionen Dollar Produktionskosten nicht nur der teuerste, sondern auch der erfolgreichste Film aller Zeiten. Nach dem Start kurz vor Weihnachten 1997 spielt er innerhalb von zwei Monaten allein in den USA über 600 Millionen Dollar ein. Die Zuschauer sind beeindruckt von der aufwendigen Ausstattung – die Schiffskulisse wurde nach Originalplänen detailgetreu nachgebildet – und den staunenerregenden Spezialeffekten, sie lassen sich rühren von der Liebesgeschichte zwischen dem armen Maler und Dritter-Klasse-Passagier Jack, verkörpert von Leonardo DiCaprio, und der aus gutem Hause stammenden, mit einem anderen verlobten Rose vom Luxusdeck (Kate Winslet). Zwar gehen die Hauptdarsteller bei der Oscar-Verleihung leer aus, doch Leonardo DiCaprio hat sich längst in die Herzen der jungen Kinofans weiblichen Geschlechts gespielt.

MÄRZ 1998

Der Bündnisgrünen-Parteitag beschließt am 7. März als Wahlziel eine Anhebung des Benzinpreises innerhalb von zehn Jahren auf 5 DM und erntet dafür heftige Kritik. Im später verabschiedeten Kurzprogramm ist die Forderung nicht mehr enthalten. Foto oben: Fraktionschef Joschka Fischer im Zentrum des Medieninteresses.

Nach einem furiosen SPD-Erfolg bei den Landtagswahlen in Niedersachsen am 1. März – die Partei erreicht 47,9% und baut ihre absolute Mehrheit der Mandate aus – nominiert der Parteivorstand Ministerpräsident Gerhard Schröder (Foto rechts, mit SPD-Chef Oskar Lafontaine) zum Kanzlerkandidaten für die Bundestagswahl am 27. September.

Zahlreiche Protestaktionen von Atomkraftgegnern begleiten den Transport von sechs Atommüll-Behältern (Foto links) aus süddeutschen Kernkraftwerken ins atomare Zwischenlager in Ahaus (Nordrhein-Westfalen). Der Castor-Zug trifft dort nach 17 Stunden am 20. März ein.

Der Große Lauschangriff, also die akustische Überwachung von Wohn- und Geschäftsräumen zur Bekämpfung von Schwerstkriminalität und Terrorismus, ist künftig in Deutschland erlaubt, da Artikel 13 des Grundgesetzes, der die Unverletzlichkeit der Wohnung garantiert, von Bundestag und Bundesrat mit Zweidrittelmehrheit geändert wird; dafür stimmen CDU/CSU, SPD und FDP.
Allerdings sind Pastoren, Ärzte, Anwälte und Journalisten davon ausgenommen. Diese Modifikation des ursprünglichen, von der christlich-liberalen Bundesregierung vorgelegten Ausführungsgesetzes erreicht die SPD-Mehrheit im Vermittlungsausschuß. Bei der Bundestags-Abstimmung über den Entwurf am 5. März billigen auch einige FDP-Abgeordnete diese Einschränkung des Großen Lauschangriffs. Es ist die erste Abstimmungsniederlage der Regierungskoalition über eine Gesetzesvorlage seit 1983. Foto oben: „Lauschende" Bronzefiguren des Stuttgarter Künstlers Karl-Henning Seemann.

MÄRZ 1998

Mit Jubel und Bravo-Rufen bedenkt das Publikum den Komponisten Dieter Schnebel, als sein Opernfragment „Majakowskis Tod – Totentanz" am 8. März in Leipzig uraufgeführt wird. Es ist die erste Oper des gebürtigen Schwarzwälders, der seit den fünfziger Jahren durch experimentelle und serielle Instrumentalwerke von sich reden macht.

Das Foto oben zeigt Robert Podlesny in der Rolle des russischen Dichters Wladimir Majakowski und Matteo de Monti als über ihm schwebenden Geist vor einem Tribunal, das von einem schwarz gekleideten Chor verkörpert wird.

Acht mal zehn Meter groß ist das Gemälde, auf dem ein australischer Ureinwohner vom Stamm der Walmajarri aus dem Nordwesten des Kontinents am 31. März einen traditionellen Tanz aufführt. Das von 70 Künstlern gestaltete Werk stellt die 80 000 Hektar große Region im Great Sandy Desert dar, die der Stamm von der Regierung in Canberra zurückfordert.

MÄRZ 1998

Die seit sieben Monaten anhaltenden Waldbrände in Brasilien erreichen verheerende Ausmaße (Foto oben). Mitte März ist etwa ein Viertel der Fläche im Bundesstaat Roraima verbrannt. Zwar wird das Feuer durch Brandrodungen immer wieder angefacht, die tiefere Ursache für die Katastrophe liegt jedoch in einer ungewöhnlich langen Trockenperiode, die dem 1997/98 besonders stark auftretenden Klimaphänomen El Niño zugeschrieben wird: Die Umkehrung bzw. Blockierung der üblichen Meeresströmung im Pazifik hat zur Erwärmung des Oberflächenwassers vor den amerikanischen Westküsten geführt. Extreme Wetterausschläge im gesamten Pazifikraum sind die Folge (siehe auch S. 53, 87, 95).

Am 16. März beginnt das Pharmaunternehmen Marion Roussel, eine Tochter des Hoechst-Konzerns, in Frankfurt am Main mit der Produktion gentechnisch hergestellten Insulins. Mehr als 14 Jahre zurück reichen die Planungen für die Anlage, in der gentechnisch manipulierte Coli-Bakterien Human-Insulin herstellen. Es bietet in der Diabetiker-Behandlung gegenüber den aus Bauchspeicheldrüsen von Rindern oder Schweinen gewonnenen Insulinpräparaten den Vorteil, daß es nicht zu einer die Wirkung herabsetzenden Resistenz kommen kann.

APRIL

Friedensabkommen für Nordirland

Längste Hängebrücke der Welt eröffnet

Schengen-Raum ausgeweitet

Zum 1. April werden Österreich und Italien in den „Schengen-Raum" aufgenommen, der sich zuvor schon von der iberischen Halbinsel über Frankreich und die Benelux-Staaten bis nach Deutschland erstreckte. Die Personen- und Warenkontrollen zwischen insgesamt neun EU-Staaten sind damit abgeschafft. Gemäß dem Schengener Abkommen sollen schrittweise auch Griechenland, Dänemark, Schweden und Finnland sowie die nicht der EU angehörenden Länder Norwegen und Island in den grenzkontrollfreien Raum in Europa einbezogen werden.

Um die illegale Einwanderung zu verhindern, haben sich die Schengen-Vertragsstaaten verpflichtet, für eine Sicherung der Außengrenzen, etwa zwischen Deutschland und Polen, Österreich und Slowenien, aber auch der italienischen Küsten, durch strenge Kontrollen Sorge zu tragen – was ihnen von Kritikern den Vorwurf einträgt, der Schreckensvision von der „Festung Europa" Vorschub zu leisten.

Nach dem Andrang kurdischer „Boat People" aus der Türkei, die im Januar zu Hunderten vor den bürgerkriegsähnlichen Zuständen in ihrer Heimat in Italien Zuflucht suchten, verstärkte z. B. die römische Regierung die Kontrollen ihrer Meeresgrenzen, um die termingerechte Aufnahme des Landes in den Schengen-Raum nicht zu gefährden. Foto: Bayerische Grenzbeamte beim Abbau der Kontrollen am Übergang Mittenwald-Scharnitz nach Österreich.

APRIL 1998

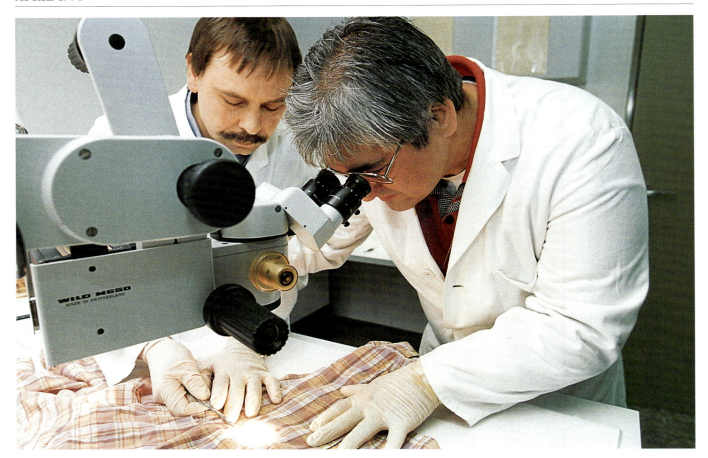

Die Anordnung zur Errichtung einer Gen-Datei wird am 17. April in Kraft gesetzt. Dort sollen „genetische Fingerabdrücke" (Foto oben: Untersuchung einer Stoffprobe) von Personen gespeichert werden, die wegen einer „Straftat von erheblicher Bedeutung" verurteilt sind. Die Datei soll die Überführung von Wiederholungstätern erleichtern. Gegner bemängeln, daß die gesetzliche Grundlage fehle und Mißbrauch nicht ausgeschlossen sei.

Zehn verschleppte Rot-Kreuz-Mitarbeiter in Somalia, darunter Christoph Dabrock-Langenkamp (Archivfoto rechts, mit seinem Vater), werden am 24. April nach neun Tagen freigelassen.

APRIL 1998

Sieger der Landtagswahlen in Sachsen-Anhalt am 26. April ist die von Ministerpräsident Reinhard Höppner (Foto links) geführte SPD, die ihren Stimmenanteil um 1,9 Punkte auf 35,9% steigert. Die CDU erlebt einen Absturz und kommt auf 22,0% (1994: 32,4%), die PDS erreicht 19,6% (19,9%). Die Bündnisgrünen, bisher Koalitionspartner der SPD in der Landesregierung, scheitern mit 3,2% ebenso an der Fünf-Prozent-Klausel wie die FDP (4,2%). Mit Besorgnis reagiert die Öffentlichkeit auf den Wahlerfolg der rechtsextremen DVU, die aus dem Stand 12,9% der Stimmen auf sich vereinigt. Nach dem Scheitern von Koalitionsgesprächen mit der CDU bildet Höppner eine SPD-Alleinregierung. Wie in der letzten Legislaturperiode ist er auf die Tolerierung der PDS angewiesen, da seine Partei nur über 47 der 116 Abgeordnetensitze verfügt.

Zu den letzten Amtshandlungen des nordrhein-westfälischen Ministerpräsidenten Johannes Rau gehört die Eröffnung der Bundesgartenschau in Jülich am 25. April (Foto oben). Der seit 1978 an der Spitze des bevölkerungsreichsten Bundeslandes stehende SPD-Politiker hat signalisiert, daß er bald einem Nachfolger Platz machen werde (S. 79).

APRIL 1998

Am zehnten Tag der Hadsch, der zum Pflichtenkatalog der Muslime gehörenden Pilgerfahrt, schlachten die in Mekka versammelten Wallfahrer und Gläubige in aller Welt Schafe und andere Huftiere als Dankopfer. 1998 fällt dieser Tag, mit dem ein viertägiges Opferfest beginnt, auf den 7. April. Das Foto zeigt ein kleines palästinensisches Mädchen inmitten betender Muslime am Eingang der Al-Aksa-Moschee in der Jerusalemer Altstadt.

APRIL 1998

Nach drei Jahrzehnten der Gewalt mit über 3000 Toten einigen sich die Teilnehmer der All-Parteien-Gespräche über die Zukunft Nordirlands, darunter auch die der Untergrundorganisation IRA nahestehende Sinn-Fein-Partei, am Karfreitag, dem 10. April, auf ein Friedensabkommen. Vorausgegangen sind dramatische Schlußverhandlungen, in die sich neben dem britischen Premierminister Tony Blair und seinem irischen Kollegen Bertie Ahern auch der amerikanische Präsident Bill Clinton per Telefon eingeschaltet hatte. Das Abkommen sieht vor, daß Nordirland als Provinz Ulster bei Großbritannien bleibt, jedoch größere Autonomie erhält. Ein Nord-Süd-Kooperationsrat soll den institutionellen Rahmen für eine engere Zusammenarbeit zwischen Ulster und der Republik Irland schaffen. Wie groß die Sehnsucht der Iren nach einem Ende der Gewalt ist, belegt das Ergebnis der Volksabstimmung über das Friedensabkommen: In Nordirland gibt es 72,1% Ja-Stimmen, in der Republik Irland sogar 94,4%. Auch bei den Wahlen zum neu eingerichteten nordirischen Parlament am 25. Juni triumphieren die gemäßigten Parteien. Dennoch ist der Friedensprozeß durch Terroranschläge weiterhin gefährdet (S. 96).
Foto: Zwei Belfaster bei der Lektüre des Abkommens („The Agreement").

Österreichs Staatspräsident Thomas Klestil (Foto oben, links), den die konservative ÖVP und die rechtspopulistische FPÖ unterstützen, wird bei der Direktwahl am 19. April mit 63,4% wiedergewählt. Die evangelische Bischöfin Gertraud Knoll (rechts) erreicht 13,6%, die Vorsitzende des Liberalen Forums, Heide Schmidt, 11,1% und der parteilose Bauunternehmer Richard „Mörtel" Lugner 9,9%.

Die 3911 Meter lange Akashi-Kaikyo-Brücke zwischen Kobe auf der japanischen Hauptinsel Honshu und der kleinen Insel Awaji wird am 5. April eröffnet. Mit einer Spannweite von 1991 Metern von Pfeiler zu Pfeiler ist sie die längste Hängebrücke der Welt.

APRIL 1998

Abwässer aus einer Schwefelkies-Mine in der Nähe der spanischen Stadt Sevilla verursachen eine verheerende Umweltkatastrophe, als am 25. April der Damm des Auffangbeckens (Foto oben) bricht und sich eine Lawine mit 5 Mio. Kubikmeter Giftschlamm über die Umgebung ergießt. Mehrere tausend Hektar Land werden verseucht. Auch der Nationalpark Cota de Donana, das größte Vogelschutzgebiet in Europa, ist betroffen.

Dem 1996 wegen Mordes und Kindesmißbrauchs festgenommenen Marc Dutroux gelingt am 24. April die Flucht aus dem Justizpalast in Neufchateau, er wird jedoch nach vier Stunden erneut gefaßt (Foto rechts).

APRIL 1998

Der frühere kambodschanische Diktator und Anführer der Roten Khmer, Pol Pot, ist tot. Unter seiner vierjährigen Schreckensherrschaft, die 1979 mit dem Einmarsch der vietnamesischen Armee zu Ende ging, wurden weit über eine Million Einwohner umgebracht. Danach organisierte Pol Pot aus dem Dschungel den bewaffneten Kampf der Roten Khmer, die sich auch der 1991 mit UNO-Unterstützung eingeleiteten Demokratisierung widersetzten. Ehemalige Anhänger „verurteilten" Pol Pot im Sommer 1997 zu lebenslangem Arrest in einem Urwaldcamp; am 15. April präsentieren die Roten Khmer in der Grenzregion zu Thailand die Leiche ihres ehemaligen Chefs (Foto links).

Beim Absturz einer Boeing 727 der ecuadorianischen Fluggesellschaft TAME kommen am 20. April alle 53 Insassen ums Leben. Die Maschine, die nach Quito (Ecuador) fliegen sollte, prallt in der Nähe der kolumbianischen Hauptstadt Bogotá bei schlechtem Wetter gegen einen Berg und zerschellt.
Foto oben: Kolumbianische Sicherheitskräfte bei der Suche nach Wrackteilen der Unglücksmaschine.

APRIL 1998

Auch Elefanten können bei sengender Hitze als Schattenspender dienen, wie dieser Schnappschuß vom 9. April aus der indischen Hauptstadt Neu-Delhi beweist (Foto oben).

Die britischen Piloten Brian Milton und Keith Ronalds, die am 24. März im englischen Brooklands zu einer Weltumrundung mit dem Leichtflugzeug gestartet sind, treffen am 27. April in China ein. Das Foto rechts zeigt sie beim Überfliegen des Banken- und Geschäftsviertels von Hongkong.

Mit spektakulären Protestaktionen versuchen die französischen Landwirte im Frühjahr 1998, sich gegen den Preisverfall für ihre Produkte zur Wehr zu setzen, für den sie die Europäische Kommission in Brüssel verantwortlich machen. Am 16. April laden aufgebrachte Bauern etwa 400 Tonnen Blumenkohl auf einer Autobahnbrücke bei Morlaix ab und blockieren zwei Tage lang die Fahrbahn (Foto links).

In Dänemark beginnt am 27. April ein landesweiter Streik, mit dem die Gewerkschaften die Arbeitgeber zu Verhandlungen über zusätzliche Urlaubstage bewegen wollen. Der Arbeitskampf, an dem sich mehr als 500 000 Arbeitnehmer beteiligen, legt das öffentliche Leben in Dänemark weitgehend lahm. Nach Aussperrungen durch die Arbeitgeber und Engpässen in der Versorgung der Bevölkerung (Foto oben aus einem Supermarkt) beendet die Regierung nach elf Tagen durch einen vom Parlament gebilligten gesetzlichen Zwangseingriff den Streik. Arbeiter und Angestellte erhalten per Verordnung drei zusätzliche freie Tage für die Kinderbetreuung, im Gegenzug werden die Sozialabgaben für die Arbeitgeber gesenkt.

APRIL 1998

Das Festspielhaus Baden-Baden (Foto oben), mit dem der Traditions-Kurort neue Gäste gewinnen will, wird am 18. April offiziell eröffnet. Mit seinen 2500 Plätzen ist es eines der größten Opernhäuser in Europa. Zwar bietet das Gebäude, dessen Fertigstellung 120 Millionen DM verschlungen hat, im Mai eine prunkvolle Kulisse für die aus Salzburg abgeworbenen Herbert-von-Karajan-Pfingstfestspiele, doch in den Sommermonaten geraten die Betreiber in die Negativ-Schlagzeilen, weil ihr Haus nicht genügend ausgelastet scheint; sogar von einem bevorstehenden Konkurs ist in Presseberichten die Rede.

Skurrile Mode und ungewöhnliche Kopfbedeckungen präsentiert die bulgarische Avantgarde-Designerin Milena Angelova am 23. April auf einer Schau im Kulturpalast von Sofia (Foto rechts).

MAI

Atomtests in Indien und Pakistan

Guildo Horn singt in Birmingham

Euro-Start besiegelt

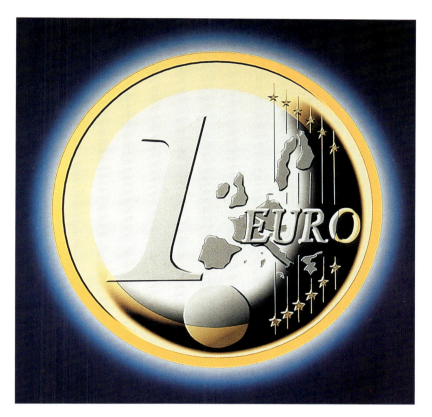

Die EU-Staats- und Regierungschefs besiegeln am 3. Mai in Brüssel den Start der Europäischen Währungsunion zum 1.1.1999.
Von diesem Datum an ist der Euro offizielle Währung in Belgien, Deutschland, Finnland, Frankreich, Irland, Italien, Luxemburg, den Niederlanden, Österreich, Portugal und Spanien. Nicht mit dabei sind Griechenland, das die Euro-Kriterien nicht erfüllt, sowie – freiwillig – die Dänen, Briten und Schweden.
Bis zur Ausgabe der neuen Münzen und Scheine zum 1.1.2002 wird in Euro nur bargeldlos gezahlt. Mark, Groschen und Pfennig bleiben in Deutschland bis dahin in Umlauf, sie sind aber quasi nur Stellvertreter für einen Euro-Betrag, der zwischen 1,95 und 2,00 DM liegen wird.
Während unter der deutschen Bevölkerung die Euro-Skepsis immer noch überwiegt – Kritiker befürchten negative Auswirkungen auf den Arbeitsmarkt und warnen vor einem Sozialdumping –, wird die Währungsunion von den großen Parteien (mit Ausnahme der PDS), Unternehmerverbänden und Gewerkschaften begrüßt. Die Euro-Befürworter erhoffen sich Impulse für Konjunktur und Beschäftigung und halten angesichts niedriger Inflationsraten die Angst vor einem schwachen Euro für unbegründet.
Überschattet wird die Entscheidung in Brüssel von einem Personalstreit. Erst nach elfstündigen Verhandlungen wird ein Kompromiß gefunden: Der auch von den Deutschen favorisierte Niederländer Wim Duisenberg wird erster Präsident der Europäischen Zentralbank, erklärt sich jedoch bereit, vor Ablauf seiner achtjährigen Amtszeit zugunsten des Franzosen Jean-Claude Trichet zurückzutreten.

MAI 1998

Zum ersten Mal seit 1974 führt Indien am 11. Mai in der Wüste von Rajastan (Foto oben) drei Atomtests durch, zwei weitere Sprengsätze werden am 13. Mai gezündet. Trotz internationaler Warnungen reagiert Pakistan, indem es zum ersten Mal in seiner Geschichte am 28. und 30. Mai ebenfalls Atomtests durchführt – nach eigenen Angaben sieben, nach westlichen Berechnungen drei oder vier.
Obwohl beide Staaten den atomaren Ernstfall kategorisch ausschließen, reagiert die Welt mit höchster Besorgnis auf die Tests, zumal die Beziehungen zwischen Indien und Pakistan seit ihrer Staatsgründung 1947 gespannt sind und es wiederholt zu Kriegen kam.

Das Europaparlament in Straßburg billigt am 13. Mai die Richtlinie zum Tabakwerbeverbot, auf die sich die EU-Gesundheitsminister Ende 1997 geeinigt haben. Danach soll Werbung für Tabak in Zeitungen, Zeitschriften und auf Plakaten schrittweise untersagt werden und bis 2006 auch das Sponsoring von Großveranstaltungen wie der Formel 1 nicht mehr erlaubt sein. Foto rechts: Skulptur vor dem Europaparlament in Straßburg.

In Lissabon wird am 21. Mai die letzte Weltausstellung des Jahrhunderts eröffnet. Im Mittelpunkt der Schau stehen die Weltmeere als „Erbe für die Zukunft". Foto gegenüberliegende Seite: Letzte Arbeiten am Expo-Bahnhof.

MAI 1998

Nachdem in britischen und französischen Wiederaufbereitungsanlagen deutlich überhöhte Strahlenwerte an deutschen Atommüll-Behältern gemessen worden sind, stoppt Bundesumweltministerin Angela Merkel am 21. Mai bis auf weiteres alle Atomtransporte. Die deutschen Atomkraft-Betreiber müssen zugeben, seit den achtziger Jahren von dem Problem gewußt zu haben. Foto oben: Wischtest an einem Transportbehälter.

Fusion der Auto-Giganten: Am 7. Mai geben die Daimler-Benz AG und der US-Autokonzern Chrysler ihren Zusammenschluß bekannt. Wegen glänzender Zukunftsaussichten soll die Zahl der Mitarbeiter aufgestockt werden.

Das Ende einer Ära: Johannes Rau, seit 20 Jahren „Landesvater" von Nordrhein-Westfalen, übergibt das Zepter an seinen langjährigen Kronprinzen Wolfgang Clement, der am 27. Mai vom Düsseldorfer Landtag zum neuen Regierungschef des bevölkerungsstärksten Bundeslandes gewählt wird. Der bisherige Wirtschaftsminister Clement teilt sich die Macht an Rhein und Ruhr mit Franz Müntefering, der neuer SPD-Landesvorsitzender wird. Rau, der sich mit seinen 67 Jahren noch zu jung für den Ruhestand fühlt, hat durchblicken lassen, daß ihn das Amt des Bundespräsidenten reizt. Foto links: Clement nimmt nach der Wahl die Glückwünsche seines Vorgängers entgegen.

Mit ihren „Rosinenbombern" sicherten die Westalliierten 1948/49 während der sowjetischen Blockade die Versorgung der Westberliner mit lebensnotwendigen Gütern. Aus Anlaß des 50. Jubiläums der Luftbrücke kommt US-Präsident Bill Clinton am 13. und 14. Mai nach Deutschland. Auf seinem Programm stehen neben den Feierlichkeiten in Berlin auch Besuche in Potsdam und Eisenach. Foto oben: Helmut Kohl und Bill Clinton ehren auf dem Flughafen Berlin-Tempelhof den amerikanischen Rosinenbomber-Piloten Gail Halvorsen (rechts, mit einem ehemaligen „Luftbrücken-Kind", im Hintergrund ein Flugzeug vom Typ Douglas C-54).

MAI 1998

Nach eher glanzlosen Zeiten wieder Erfolge: Nach dem 5:0 im Daviscup gegen Südafrika im April gewinnt die deutsche Auswahl mit Teamchef Carl-Uwe Steeb, David Prinosil, Nicolas Kiefer, Tommy Haas und Boris Becker (von links) am 24. Mai im Düsseldorfer Rochusclub mit einem 3:0 über Tschechien zum dritten Mal nach 1989 und 1994 den World Team Cup, die mit 1,9 Millionen US-Dollar dotierte ATP-Mannschaftsweltmeisterschaft. Boris Becker sieht sich in seiner Doppelrolle als aktiver Sportler und Nachwuchsförderer durch den Triumph von Düsseldorf bestätigt.

MAI 1998

Das hat vor ihm noch keiner geschafft: Der 1. FC Kaiserslautern ist der erste Verein, der aus der Aufsteigerposition heraus direkt den Titel eines Deutschen Fußballmeisters gewinnt. Zum Abschluß der Saison am 9. Mai stehen die roten Teufel vom Betzenberg mit zwei Punkten Vorsprung vor Verfolger Bayern München ganz oben in der Tabelle der höchsten deutschen Spielklasse. Für Trainer Otto Rehhagel (Foto links, mit der Meisterschale) ist der Titelgewinn auch ein persönlicher Erfolg: Nach dem Rauswurf bei Bayern München heuerte er im Juli 1996 bei Absteiger Kaiserslautern an und führte die Mannschaft zunächst in die erste Liga zurück und dann zum höchsten Triumph.

Auch die Bayern gehen nicht leer aus: Durch ein 2:1 im Finale gegen den Bundesliga-Achten MSV Duisburg am 16. Mai im Berliner Olympiastadion gewinnen die Kicker von der Isar den DFB-Pokal. Anschließend lassen Markus Babbel, Mehmet Scholl, Carsten Jancker und Mario Basler (Foto oben, von links) ihren Trainer Giovanni Trapattoni hochleben, der zum Saisonende die Bayern Richtung Italien verläßt. „Trap" hatte im März mit einer Pressekonferenz für Aufsehen gesorgt, in der er einige Spieler in einem Temperamentsausbruch, dem seine deutschen Sprachkenntnisse offenbar nicht gewachsen waren, öffentlich beschimpfte.

MAI 1998

Frank Sinatra lebt nicht mehr. Der berühmte amerikanische Entertainer erliegt am 15. Mai in Los Angeles im Alter von 82 Jahren einer längeren schweren Krankheit. „My Way", „New York, New York" und „Strangers in the Night" waren die größten Erfolge des Sängers mit dem sanften Bariton. Der Sohn italienischer Einwanderer, dem wiederholt Kontakte zur Mafia nachgesagt wurden, spielte auch in über 50 Filmen mit. Seine schauspielerische Leistung in „Verdammt in alle Ewigkeit" (1953) brachte ihm einen Oscar ein. Das Archivfoto oben zeigt Sinatra bei einer seiner letzten Tourneen im Jahr 1995.

Die deutsche Schlagerhoffnung Guildo Horn (Foto rechts) und seine Band „Die orthopädischen Strümpfe" belegen beim Grand Prix d'Eurovision de la Chanson am 9. Mai einen beachtlichen siebten Platz. „Guildo hat euch lieb" heißt der Song, den der 35jährige gelernte Musiktherapeut auf dem europäischen Schlagerfestival vorträgt und zum Ergötzen seiner Fans, die ihn liebevoll „Meister" nennen, mit einer fetzigen Bühnenshow unterstreicht. Den Wettbewerb gewinnt die transsexuelle Sängerin Dana International aus Israel, die sich anschließend positiv über ihren deutschen Kollegen äußert.

JUNI

Krawalle bei Fußball-WM

Clinton besucht China

Schweres Zugunglück in Eschede

Bei dem schwersten Zugunglück in der Geschichte der Deutschen Bahn, das sich am 3. Juni im Kreis Celle (Niedersachsen) ereignet, sterben 101 Reisende, 88 werden zum Teil schwer verletzt. Der Intercity-Express „Wilhelm Conrad Röntgen", der von München nach Hamburg unterwegs ist, entgleist bei Tempo 200 vor dem Bahnhof von Eschede und rast gegen das Fundament einer Straßenbrücke, die unter der enormen Wucht zusammenbricht und Teile des Zuges unter sich begräbt.

Nach Erkenntnissen des Eisenbahn-Bundesamtes (EBA) hat ein gebrochener Radreifen des ersten Mittelwagens die Katastrophe verursacht. Er verhakt sich in einer Weiche, so daß die nachfolgenden zehn Waggons aus der Spur gerissen werden; Wagen drei und vier prallen gegen den Brückenpfeiler. Lediglich der Zugwagen und die ersten beiden Waggons des 410 Meter langen Hochgeschwindigkeitszuges entgehen so der Katastrophe. Den Zugführer trifft nach den Ermittlungen des EBA und der Staatsanwaltschaft keine Schuld.

Die Deutsche Bahn AG ordnet an, daß alle ICE vorerst nicht schneller als 160 Stundenkilometer fahren dürfen, und läßt die 60 Züge des betroffenen Typs in den Tagen nach dem Unfall zu einer Sonderüberprüfung in die Werkstätten holen. Die meisten Bahnreisenden zeigen Verständnis dafür, daß der Fahrplan durcheinandergerät und sie zum Teil stundenlange Verspätungen in Kauf nehmen müssen. Foto: Luftbild des Unglückszugs wenige Stunden nach der Katastrophe.

JUNI 1998

Am 21. Juni nimmt Deutschland mit einer Trauerfeier in Celle Abschied von den Opfern der Zugkatastrophe. Der besondere Dank des Bundespräsidenten Roman Herzog gilt den vielen Helfern und Bürgern von Eschede, die durch ihren tatkräftigen Einsatz dafür gesorgt hätten, daß das Dorf nicht nur ein Ort des Schreckens, sondern auch ein Ort der Menschlichkeit geworden sei.
Foto oben: Hilfskräfte versuchen mit Leitern, Opfer aus den Trümmern der ineinander verkeilten Waggons zu bergen. Foto rechts: Ultraschall-Untersuchung der Räder eines ICE auf verborgene Risse.

Pünktlich zur Jahrtausendwende soll er fertig sein, der „Millenium Dome" (Foto oben) in London mit seinem kuppelförmigen Teflon-Dach, das von zwölf Riesenpfeilern getragen wird. Am 22. Juni ist Richtfest. In der gigantischen Halle soll später über Bildschirme und in einer Ausstellung ein Ausblick auf das dritte Jahrtausend gegeben werden.

Die 18 Kilometer lange Brückenverbindung (Foto links) zwischen Nyborg auf Fünen und Korsör auf Seeland wird nach zehnjähriger Bauzeit am 14. Juni für den Straßenverkehr freigegeben. Dadurch verkürzt sich die Fahrzeit von Kopenhagen zum europäischen Festland um über eine Stunde.

JUNI 1998

Gleich zweimal gerät die koreanische Halbinsel im Juni in die Schlagzeilen: Am 21. entdecken Fischer an der Ostküste Südkoreas ein U-Boot (Foto oben), das vermutlich zu Spionagezwecken aus dem verfeindeten Nordkorea entsandt worden war. An Bord finden sich neun Leichen mit Schußwunden.
Am 16. Juni spendet der Unternehmer Chung Ju Yung, Gründer des Autokonzerns Hyundai (Südkorea), dem von einer Hungersnot betroffenen kommunistischen Nordkorea 1000 Rinder und die sie transportierenden Lkw (Foto rechts). Der 82jährige darf daraufhin mit einigen Angehörigen einreisen und seine Heimatprovinz im Norden besuchen.

JUNI 1998

Das US-amerikanische Urlauberparadies Florida wird von verheerenden Waldbränden heimgesucht; Zehntausende müssen auf der Flucht vor den Flammen ihre Häuser verlassen. Allein im Juni verbrennen 1900 Hektar Land, mehr als doppelt soviel wie in einer durchschnittlichen Saison. Ursache ist eine langanhaltende Trockenheit, die von Experten mit dem Klimaphänomen El Niño in Zusammenhang gebracht wird (siehe auch S. 53, 62, 95).

Bill Clinton beginnt am 25. Juni eine neuntägige Reise in die Volksrepublik China. Höhepunkt dieses ersten Staatsbesuchs eines US-Präsidenten seit der blutigen Niederschlagung der Demokratiebewegung in Peking im Mai 1989 ist eine Veranstaltung, in der sich Clinton den kritischen Fragen chinesischer Studenten stellt; die Diskussion wird – ungewöhnlich für das Land mit der strengen Medienzensur – live im Fernsehen übertragen.
Foto oben: Clinton mit seiner Frau Hillary und Tochter Chelsea zu Besuch in der Verbotenen Stadt in Peking.

JUNI 1998

Mit dem Spiel Brasilien gegen Schottland (2:1) beginnt am 10. Juni in Frankreich die Fußball-Weltmeisterschaft, an der erstmals 32 Mannschaften (1994 in den USA: 24) teilnehmen. Die Außenseiter aus Marokko, Tunesien und Kamerun, aus Saudi-Arabien und dem Iran, Südkorea, Japan und den USA geben dem Turnier zwar buntes Flair, können aber fußballerisch nur bedingt überzeugen. Lediglich Nigeria erreicht das Achtelfinale, in dem es den Dänen 1:4 unterliegt.
Die deutsche Mannschaft wird in der Vorrunde (2:0 gegen die USA, 2:2 gegen Jugoslawien, 2:0 gegen den Iran) Gruppensieger und bezwingt im Achtelfinale Mexiko mit 2:1 (Viertelfinale: S. 90). Foto: Mannschaftskapitän Jürgen Klinsmann nach dem 1:1-Ausgleich, l. Ulf Kirsten.

Ein dunkler Schatten fällt auf das Fußballfest durch die Ausschreitungen auswärtiger Hooligans, die sich untereinander, aber auch mit Polizisten und französischen Jugendlichen Straßenschlachten liefern. Als besonders brutal erweisen sich neben englischen die deutschen Randalierer. Der schlimmste Zwischenfall ereignet sich am 21. Juni nach dem Spiel Deutschland–Jugoslawien in Lens. Bei Krawallen, an denen sich mehrere hundert deutsche Hooligans beteiligen (Foto), wird ein Polizist mit einer Eisenstange niedergeprügelt; er erwacht erst nach Wochen aus dem Koma.

JULI

Grubenunglück in Lassing
Internationale Beobachter im Kosovo
Frankreich ist Fußball-Weltmeister

Für Gastgeber Frankreich endet die WM am 12. Juli im Triumph: Ein 3:0 Finalsieg gegen Brasilien beschert dem von Aimé Jacquet trainierten Team den ersten Fußball-Weltmeistertitel in der Geschichte der Grande Nation. „Wir haben über politische, soziale und ethnische Unterschiede hinweg Freude gestiftet", erklärt Kapitän Didier Deschamps nach dem Erfolg der Mannschaft, in der Spieler verschiedener Herkunft zusammenfanden: Zinedine Zidane ist Sohn algerischer Einwanderer, Youri Djorkaeff hat armenische Vorfahren, Marcel Desailly wurde in Ghana, Christian Karembeu in Neu-Kaledonien geboren. Held des Tages ist Spielmacher Zidane: Er sorgt mit zwei Kopfballtoren dafür, daß die Franzosen mit einer 2:0-Führung in die Halbzeitpause gehen. Auch Desaillys Platzverweis in der 68. Minute kann den Erfolg der Equipe tricolore nicht gefährden, dem Emmanuel Petit mit dem 3:0 in der Nachspielzeit die Krone aufsetzt. Kommentatoren bescheinigen den Weltmeistern, sie hätten ein neues Fußball-Zeitalter eingeleitet, in dem alle Spieler zugleich Stürmer, Mittelfeldspieler und Verteidiger seien. Nach dem Titelgewinn versinkt das ganze Land im Freudentaumel. Mit Siegen über Südafrika (3:0), Saudi-Arabien (4:0) und Dänemark (2:1) beendeten sie die Vorrunde als Gruppenerste; es folgten im Achtel-, Viertel- und Halbfinale: ein 1:0 nach Verlängerung gegen Paraguay, ein 4:3 im Elfmeterschießen gegen Italien und ein 2:1-Erfolg über Kroatien.
Foto: Torschütze Zidane (r.) freut sich mit Djorkaeff.

JULI 1998

Für die deutsche Elf endet das WM-Turnier am 4. Juli in Lyon: Die Mannschaft von Bundestrainer Berti Vogts unterliegt im Viertelfinale Kroatien mit 0:3. Eine Vorentscheidung fällt in den letzten Minuten vor der Pause, als Christian Wörns wegen groben Foulspiels die Rote Karte erhält (Foto oben: Jürgen Kohler, Lothar Matthäus und Jörg Heinrich protestieren beim norwegischen Schiedsrichter Rune Pedersen vergeblich gegen den Platzverweis) und Robert Jari in der Nachspielzeit der ersten Halbzeit den ersten Treffer für Kroatien erzielt. Die weiteren kroatischen Tore gehen auf das Konto von Goran Vlaovic und Davor Suker.

Das frühzeitige Ausscheiden der deutschen Mannschaft führt Vogts auf die – angebliche – Fehlentscheidung des Schiedsrichters zurück. „Vielleicht ist der deutsche Fußball zu erfolgreich. Die anderen können kratzen, beißen, spucken – gegen uns werden sofort die Karten gezogen. Ich weiß nicht, ob es eine Anordnung gibt", erklärt der Bundestrainer nach der Niederlage – was ihm heftige Kritik, er sei ein schlechter Verlierer, einbringt. Das Urteil der anderen: Das deutsche Team – mit einem Durchschnittsalter von 30 Jahren das älteste des Turniers – habe wenig einfallsreich gespielt und sich allein auf seine Kampfstärke verlassen.

Die Kroaten erreichen bei ihrer ersten WM-Teilnahme durch ein 2:1 im „kleinen Finale" gegen die Niederlande am 11. Juli einen dritten Platz, Suker beendet das Turnier mit sechs Treffern als Torschützenkönig.

Der vor der WM zum Superstar aufgebaute Ronaldo wird während des Turniers entzaubert. Insbesondere im Finale wirkt der 20jährige Brasilianer matt. Nach einem Zusammenstoß mit Frankreichs Keeper Fabien Barthez (Foto) bleibt er minutenlang am Boden liegen.

Zur zehnten Love Parade kommen am 12. Juli nach Angaben der Veranstalter eine Million Menschen in den Berliner Tiergarten, um gemeinsam zu Techno-Rhythmen zu tanzen; die Polizei spricht dagegen von deutlich weniger Andrang als im letzten Jahr und schätzt die Teilnehmerzahl auf 350 000.
„One World, One Future" (Eine Welt, eine Zukunft) lautet das Motto der weltgrößten Techno-Parade, die Initiator Dr. Motte alias Matthias Roenigh auch in diesem Jahr als politische Demonstration angemeldet hat, auch wenn es ihm vor allem darum geht, „sich gemeinsam wohlzufühlen". Besonders beliebte Kleidungsstücke bei der Mega-Party, die Spötter als „Sommer-Karneval an der Spree" abtun, sind Bauarbeiterhelme, Müllwerker-Jacken und Gasmasken.
Foto: Ausgelassene Jugendliche tanzen vor der Siegessäule in Berlin.

JULI 1998

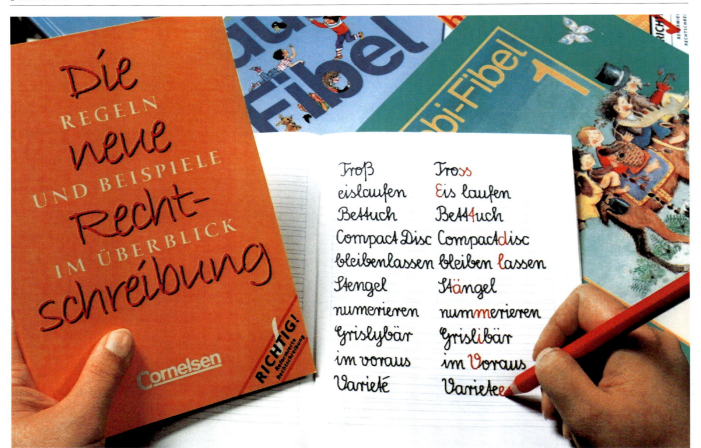

Das Bundesverfassungsgericht gibt am 14. Juli den Weg für die Einführung der Rechtschreibreform zum 1. August frei. Die Richter erklären, der Staat dürfe ohne Beteiligung des Gesetzgebers die amtliche Schreibweise ändern.

Durch einen Schlammeinbruch in eine Talkum-Grube in Lassing (Österreich) wird am 17. Juli der Bergmann Georg Hainzl verschüttet. Zehn Kumpel, die ihm zu Hilfe eilen wollen, werden in die Tiefe gerissen, als die Grube zusammenbricht. Nur Hainzl selbst überlebt die Katastrophe: Er wird nach neun Tagen lebend geborgen. Foto: Die zusammengestürzte Grube bildet einen 60 m tiefen Krater von über 100 m Durchmesser.

Auf dem Kapitol in Rom wird am 18. Juni die Schlußakte für die Einführung eines internationalen Strafgerichtshofs feierlich unterzeichnet. Am Vortag haben auf einer Konferenz der Vereinten Nationen in der italienischen Hauptstadt 120 Delegationen die Gründung eines Weltstrafgerichts zur Verfolgung von Völkermord, Verbrechen gegen die Menschlichkeit und Kriegsverbrechen gebilligt, 21 enthielten sich der Stimme, sieben votierten dagegen. Der UN-Strafgerichtshof soll bei schweren Verbrechen in zwischenstaatlichen und internen Konflikten einschreiten, wenn die nationale Justiz nicht selbst in der Strafverfolgung aktiv wird. Vorbild sind die ad hoc eingerichteten Tribunale in Den Haag für Kriegsverbrechen im ehemaligen Jugoslawien sowie eine vergleichbare Institution im tansanischen Arusha, die Verbrechen während des Bürgerkriegs in Ruanda verfolgt. Foto: UN-Generalsekretär Kofi Annan würdigt die Einrichtung des UN-Strafgerichts.

Zu seinem 80. Geburtstag am 18. Juli macht sich der südafrikanische Staatspräsident Nelson Mandela selbst das schönste Geschenk. Er heiratet seine Lebensgefährtin Graça Machel, die Witwe des früheren Präsidenten von Mosambik, Samora Machel, der 1986 bei einem Flugzeugabsturz ums Leben gekommen war.

JULI 1998

Am 6. Juli nimmt eine Beobachtergruppe aus den USA, Rußland und den EU-Staaten im Kosovo die Arbeit auf. Sie soll eine flächendeckende Erkundungstätigkeit in der jugoslawischen Krisenprovinz entfalten, in der offener Bürgerkrieg herrscht. Der Konflikt in der Region, die zu 90% von Albanern bewohnt wird, hat sich seit Anfang des Jahres massiv verschärft. Auf Massenproteste von Albanern und vereinzelte Überfälle Bewaffneter reagierten die serbischen Sicherheitskräfte im Februar und März mit Polizeiaktionen, denen Dutzende Zivilisten zum Opfer fielen. Im April griff die Befreiungsarmee des Kosovo (UCK) in die Auseinandersetzungen ein, worauf die jugoslawische Führung ein noch härteres Vorgehen von Polizei und Militär anordnete. Etwa 50 000 Menschen flohen bis Ende Juni nach Albanien.

Während die UCK einen unabhängigen Kosovo erreichen will, fordern gemäßigte Kräfte eine Rückkehr zu dem Autonomiestatus, den die Provinz bis 1990 hatte. Sie werden von der internationalen Staatengemeinschaft unterstützt, deren Maßnahmen – Sanktionen, Waffenembargo, NATO-Manöver in Albanien – die Führung in Belgrad jedoch offenbar unbeeindruckt lassen.
Foto oben: Kosovo-Albaner auf der Flucht; rechts: Panzer der jugoslawischen Militärpolizei im Kosovo-Dorf Sredska.

AUGUST

Bombenanschläge auf US-Botschaften

Hans-Joachim Kulenkampff gestorben

Flutkatastrophe in China

Starke Regenfälle verursachen in China eine Flutkatastrophe, wie sie das Land seit einem halben Jahrhundert nicht erlebt hat. Am 26. August beziffert die Regierung die Todesopfer mit 3004, ausländische Beobachter gehen von weitaus höheren Zahlen aus. Um die Großstädte vor den Flutwellen des Jangtse und anderer Flüsse zu schützen, werden gezielt die Deiche gesprengt, nachdem die Bewohner der dahinter liegenden Landstriche in Sicherheit gebracht worden sind. Nach Angaben aus Peking sind Ende August etwa 14 Millionen Menschen evakuiert. Über 240 Millionen Chinesen, also etwa jeder fünfte Bewohner des Landes, sind von der Naturkatastrophe bedroht oder unmittelbar betroffen. Die Industrieproduktion wird in Mitleidenschaft gezogen, und durch Überschwemmungen im größten chinesischen Ölfeld Danqing geht die Erdölproduktion spürbar zurück.
Während die chinesische Führung die hohen Wasserstände vor allem auf globale Klimaveränderungen zurückführt, geht der Vorsitzende des UN-Umweltprogramms Unep, Klaus Töpfer, davon aus, daß menschliche Eingriffe wie die großflächige Abholzung von Wäldern die Katastrophe verstärkt haben. Auch Südkorea und – bis in den September hinein – Bangladesch werden nach heftigem Monsun von einem verheerenden Hochwasser heimgesucht, dem Hunderte von Menschen zum Opfer fallen. In Bangladesch stehen zeitweise zwei Drittel des Landes unter Wasser.
Foto: Chinesische Soldaten formen mit ihren Körpern einen Wall, um einen bedrohten Deich zu schützen.

AUGUST 1998

In Kinshasa, der Hauptstadt der Demokratischen Republik Kongo, kommt es am 2. August zu Schießereien zwischen regierungstreuen Truppenteilen und Soldaten vom Stamm der Banyamulenge-Tutsi, als Präsident Laurent Kabila versucht, sich seiner Ex-Verbündeten zu entledigen. Die Kämpfe breiten sich rasch über weite Teile des Landes aus. Während Kabila Unterstützung aus Angola, Simbabwe und Namibia erhält, greifen Uganda und Ruanda auf Seiten der Banyamulenge ein. Die zunächst erfolgreichen Rebellen werden Ende August zurückgeschlagen, Kinshasa wieder von Kabila-Anhängern kontrolliert. Foto oben: Ausländer verlassen das Land.

Beim schwersten Anschlag im 30 Jahre andauernden Nordirland-Konflikt sterben am 15. August 29 Menschen, als zur Einkaufszeit im Zentrum von Omagh eine Autobombe explodiert; es gibt 220 Verletzte. Zu dem Terrorakt bekennt sich die Real IRA, seit 1997 eine Abspaltung von der Irisch-Republikanischen Armee (IRA). Nach der einhelligen Verurteilung der Tat, u. a. durch die IRA-nahe Sinn-Fein, erklärt die Real IRA am 19. August, sie werde künftig auf Anschläge verzichten.
Foto rechts: Trauerfeier einer Familie, die bei dem Anschlag mehrere Angehörige verloren hat: die 30jährige, mit Zwillingen schwangere Avril Monaghan, ihre Mutter und ihre 18monatige Tochter.

AUGUST 1998

Fast zeitgleich explodieren am 7. August vor den US-Botschaften in Nairobi (Kenia) und in Daressalam (Tansania) zwei Bomben: 259 Tote – davon 247 in Nairobi – und mehr als 5000 Verletzte sind die blutige Bilanz der Terrorakte, zu denen sich eine bislang unbekannte „Armee zur Befreiung der islamischen Heiligtümer" bekennt. Sie soll von dem in Afghanistan lebenden Multimillionär Osama bin Laden geführt und finanziert werden.
In Nairobi ist die Autobombe in einem vor dem Hintereingang des Botschaftsgebäudes abgestellten Kleinlaster deponiert. Durch die Wucht der Detonation werden die Mission selbst sowie ein 21stöckiges Bankhaus schwer beschädigt und ein dazwischen liegendes Gebäude völlig zerstört. In Daressalam reißt die Bombe die Fassade der Botschaft weg.
Als Antwort auf die Anschläge führen die USA am 20. August Angriffe mit Marschflugkörpern auf mutmaßliche Stützpunkte der Anhänger bin Ladens in Afghanistan sowie auf eine Pharmafabrik im Sudan durch. Zur Rechtfertigung der Militärschläge erklärt US-Präsident Bill Clinton, es gebe zwingende Beweise, daß bin Ladens Terrorgruppe weitere Anschläge plane. Nach Erkenntnissen der CIA seien in der bombardierten Fabrik Komponenten für Giftgase hergestellt worden.
Foto links: Die Särge von zehn der zwölf US-Bürger, die dem Bombenanschlag in Nairobi zum Opfer fielen, werden nach der Ankunft in Washington in den Hangar des Luftwaffenstützpunkts Andrews getragen, wo die Trauerfeier stattfindet.
Foto oben: Die zerstörte Fabrik in Khartum; die sudanesische Regierung weist die Behauptung der USA, sie habe der Produktion chemischer Waffen gedient, zurück.

AUGUST 1998

Eine erfolgreiche Bilanz kann die deutsche Mannschaft am 23. August zum Ende der Leichtathletik-Europameisterschaft in Budapest ziehen: In der Anzahl der Medaillen (23) übertrifft sie alle anderen Teams, auch wenn die britischen Athleten mit neun Goldmedaillen (Deutschland: acht) in der Nationenwertung ganz oben stehen. Deutsche Sportler der älteren Generation – im Diskus Gold für Lars Riedel, Silber für Jürgen Schult, im Weitsprung die vierte Europameisterschaft für Heike Drechsler, Silber über 10 000 m für Dieter Baumann – stehen ebenso auf dem Treppchen wie Newcomer: So holt Franka Dietsch Gold im Diskus- und Tanja Damaske im Speerwurf.
Foto gegenüberliegende Seite oben: Tim Lobinger gewinnt mit 5,81 m Silber im Stabhochsprung; bei den Damen gibt es in dieser Disziplin Silber für Nicole Humbert-Rieger aus Landau und Bronze für Yvonne Buschbaum aus Stuttgart.
Foto gegenüberliegende Seite unten: Grit Breuer jubelt nach dem Zieleinlauf der 4 x 400-m-Staffel, die Deutschland (weitere Läuferinnen: Uta Rohländer, Anke Feller und Silvia Rieger) in 3:23,03 Minuten gewinnt. Breuer holt außerdem Einzel-Gold über 400 m.
Foto links: In einem tollkühnen Rennen gewinnt Damian Kallabis vom SCC Berlin in der europäischen Jahresbestzeit von 8:13,10 Minuten überraschend über 3000 m Hindernis.

AUGUST 1998

Im März 1998 erklärte Hans-Joachim Kulenkampff (Archivfoto oben vom November 1997) nach mehreren schweren Erkrankungen das Ende seiner Fernsehkarriere, am 14. August stirbt der beliebte TV-Entertainer und Schauspieler in seinem Haus bei Salzburg; er ist 77 Jahre alt geworden.
„Kuli", wie ihn seine Fans liebevoll nannten, war über Jahrzehnte der Showmaster der Nation. Insbesondere als Gastgeber der Samstagabend-Quizsendung „Einer wird gewinnen" (1964 bis 1968 und 1979 bis 1987) schrieb er Fernsehgeschichte. Mit charmantem Plauderton und lockerem Witz wußte er seinen Kandidatinnen und Kandidaten die Scheu vor der Kamera zu nehmen.

Die 85. Tour de France ist eine Tour der Skandale: Am 8. Juli entdecken Polizisten beim einreisenden Masseur des Festina-Teams verbotene Medikamente; am 17. Juli wird Festina nach Geständnissen des Teamchefs und des Mannschaftsarztes von der weiteren Teilnahme ausgeschlossen; am 24. Juli werden der Leiter und der Arzt des TVM-Teams wegen Dopingverdachts festgenommen. Fünf weitere stark verdächtige Teams nehmen Reißaus vor den Fahndern, so daß beim Zieleinlauf am 2. August in Paris von 189 Fahrern nur noch 98 dabei sind. Es gewinnt der Italiener Marco Pantani (Foto vom Sitzstreik der Radsportler) vor dem Vorjahressieger Jan Ullrich.

SEPTEMBER

Peinliche Stunden für US-Präsident Clinton

Berti Vogts tritt als Bundestrainer zurück

Hoher Sieg der SPD bei Bundestagswahlen

Unerwartet hoch fällt der Sieg der Sozialdemokraten (Foto: Kanzlerkandidat Gerhard Schröder macht das Siegeszeichen) bei der Bundestagswahl am 27. September aus: Die SPD erhält 40,9% der Zweitstimmen, eine Steigerung gegenüber 1994 um 4,5 Prozentpunkte, und wird erstmals seit der Wahl 1972 wieder stärkste Kraft in Deutschland. Die CDU/CSU stürzt von 41,4 auf 35,2% ab und erzielt das schlechteste Ergebnis seit 1949.

Damit ist die 16jährige Ära einer christlich-liberalen Koalition unter Bundeskanzler Helmut Kohl zu Ende. Schröder, der mit dem Versprechen angetreten war, nicht alles anders, aber vieles besser machen zu wollen als sein Vorgänger, erweist dem scheidenden Bundeskanzler seinen Respekt und würdigt noch am Wahlabend dessen historische Leistungen insbesondere bei der deutschen Wiedervereinigung und der europäischen Integration. Die Sozialdemokraten waren mit einer Doppelspitze von Kanzlerkandidat Schröder und Parteichef Oskar Lafontaine in den Wahlkampf gezogen und hatten sich in der Koalitionsfrage nicht festgelegt. Da SPD und Bündnis 90/Die Grünen im neuen Bundestag aber über eine komfortable Mehrheit von 21 Mandaten verfügen, stehen nun alle Zeichen auf rot-grün. Noch in der Woche nach der Bundestagswahl werden die Koalitionsverhandlungen aufgenommen.

Insbesondere in Großbritannien, Frankreich und Italien, den großen, ebenfalls links regierten europäischen Nachbarn, wird der Erfolg der deutschen Sozialdemokraten begrüßt.

SEPTEMBER 1998

Trotz leichter Verluste – 6,7% gegenüber 7,3% im Jahr 1994 – herrscht Jubel bei den Bündnisgrünen (Foto oben: die Fraktionssprecher Joschka Fischer und Kerstin Müller mit Parteisprecher Jürgen Trittin), die sich nun den Sozialdemokraten als Partner empfehlen. Auch die FDP muß Verluste hinnehmen, ist aber mit 6,2% (1994: 6,9%) auch im neuen Bundestag vertreten und stellt sich auf die Oppositionsrolle ein. Die PDS gehört zu den Gewinnern der Wahl (Foto gegenüberliegende Seite unten: Ausgelassene Stimmung auf der Wahlparty in Berlin). War ihr 1994 nur mit Hilfe von drei Direktkandidaten der Einzug in den Bundestag gelungen, so überspringt sie nun mit bundesweit 5,1% die Fünf-Prozent-Hürde. Die Rechtsparteien werden marginalisiert (DVU: 1,2%).
Bei den Unionsparteien werden personelle Konsequenzen gezogen. Kohl übernimmt die Verantwortung für das schlechte Abschneiden der CDU und erklärt, er werde den Parteivorsitz niederlegen.
Obwohl die CSU in Bayern mit 47,7% ein weitaus besseres Ergebnis erzielt als die Schwesterpartei CDU im übrigen Bundesgebiet, kündigt auch der bisherige Bundesfinanzminister Theo Waigel (Foto gegenüberliegende Seite oben) seinen Rückzug von der Parteispitze an. Die CSU hat erstmals seit 1949 die absolute Mehrheit verfehlt (siehe auch S. 104).

SEPTEMBER 1998

Zwei Wochen vor der Bundestagswahl, am 13. September, erringt die CSU bei den Landtagswahlen in Bayern einen triumphalen Erfolg: Sie baut mit 52,9% (1994: 52,8) ihre absolute Mehrheit aus, die SPD kommt nach Verlusten von 1,3 Prozentpunkten auf 28,7%. Dritte Kraft im Maximilianeum sind Bündnis 90/Die Grünen, die 5,7% der Wählerstimmen auf sich vereinigen. Foto oben: Ministerpräsident Edmund Stoiber (links) mit Theo Waigel, den er aller Voraussicht nach im Amt des CSU-Vorsitzenden beerben wird.

Am 27. September, dem Tag der Bundestagswahl, finden auch Landtagswahlen in Mecklenburg-Vorpommern statt. Unumstrittene Sieger sind die von Harald Ringstorff (Foto rechts) geführten Sozialdemokraten, die bisher in der Landesregierung von Ministerpräsident Berndt Seite (CDU) als kleinerer Partner vertreten waren. Die SPD erreicht 34,3% (1994: 29,5), die CDU 30,2% (1994: 37,7) und die PDS 24,4% (1994: 22,7). FDP und Bündnisgrüne scheitern – wie auch die rechtsextremen Parteien – an der Fünf-Prozent-Hürde.

SEPTEMBER 1998

Nach acht Jahren als Bundestrainer der deutschen Fußball-Nationalmannschaft tritt Berti Vogts (Foto oben) am 7. September zurück. Unmittelbarer Anlaß ist die schlechte Leistung der deutschen Kicker beim 2:1-Sieg gegen Malta am 1. und beim 1:1-Unentschieden gegen Rumänien am 5. September. Ein Tandem soll nach dem Willen des Deutschen Fußball-Bundes nun rechtzeitig zur EM-Qualifikation alles richten: Teamchef der Nationalmannschaft wird der 61jährige Erich Ribbeck. Ihm steht als Trainer Uli Stielike zur Seite, der zuletzt die DFB-Jugendauswahl betreute. Foto links: Ribbeck (l.) und Stielike auf der ersten gemeinsamen Pressekonferenz.

SEPTEMBER 1998

Das russische Parlament wählt am 11. September Außenminister Jewgeni Primakow (Foto rechts, mit Staatspräsident Boris Jelzin) zum neuen Ministerpräsidenten. Vorausgegangen ist eine wochenlang anhaltende politische Krise, die angesichts der schweren Finanzprobleme des Landes im Ausland mit Besorgnis zur Kenntnis genommen wurde. Ministerpräsident Sergei Kirijenko war am 23. August von Jelzin entlassen worden, der als Nachfolger Viktor Tschernomyrdin vorsah. Ihm, der erst im Frühjahr als Regierungschef abgelöst worden war, versagte die Duma jedoch die Zustimmung. So sah sich Jelzin gezwungen, einen neuen Kandidaten zu präsentieren. Primakow kündigt nach der Wahl eine Fortsetzung der Reformen an, nimmt aber auch Kommunisten in die Regierung auf. Jelzin geht aus dem Machtkampf geschwächt hervor.
Zu den letzten Amtshandlungen Kirijenkos gehörte die Freigabe des Wechselkurses für den unter Druck geratenen Rubel, der sich seitdem praktisch im freien Fall befindet. Primakow will zur Bewältigung der Finanzkrise u.a. die Notenpresse anwerfen. Kredite will der Westen erst wieder gewähren, wenn sich die Lage in Rußland konsolidiert hat.
Foto oben: Die Inflation führt zu Hamsterkäufen und Versorgungsengpässen.

Nachdem der Justizausschuß des amerikanischen Repräsentantenhauses die Freigabe erteilt hat, wird am 21. September in mehreren US-Fernsehsendern in voller Länge das vierstündige Video ausgestrahlt, das die Aussage von US-Präsident Bill Clinton vor der Grand Jury über sein Verhältnis zu der ehemaligen Praktikantin im Weißen Haus, Monica Lewinsky, enthält. Unter Eid bestreitet Clinton die von Sonderermittler Kenneth Starr erhobenen Vorwürfe des Meineids, der Zeugenbeeinflussung, der Behinderung der Justiz und des Amtsmißbrauchs im Zusammenhang mit der Lewinsky-Affäre. Er bestreitet weiterhin, mit Monica Lewinsky Geschlechtsverkehr gehabt zu haben, verweigert jedoch Aussagen zu Details der sexuellen Beziehung, die er selbst als „unziemlich" (unappropriate) charakterisiert. Vor allem in Europa wird die Freigabe des Videos scharf kritisiert, da sie das Recht des Präsidenten und seiner Familie auf Schutz der Privatsphäre verletze. Clinton hatte wiederholt erklärt, daß er die Affäre bedauere, zugleich jedoch deutlich gemacht, daß ein Rücktritt für ihn nicht in Frage komme. Nach Ansicht vieler seiner Freunde aus der Demokratischen Partei sind die Anschuldigungen, die Sonderermittler Starr in seinem am 9. September dem Kongreß übermittelten, im Internet veröffentlichten Bericht gegen den Präsidenten erhoben hat, nicht überzeugend belegt. Trotz des Rückhalts, den Clinton laut Meinungsumfragen unter den US-Bürgern weiterhin genießt, ist gleichwohl mit der Einleitung eines Amtsenthebungsverfahrens (Impeachment) gegen den Präsidenten zu rechnen, denn im Rechtsausschuß verfügen die Republikaner über die Mehrheit.
Foto: Bill Clinton gibt sich nachdenklich.

SEPTEMBER 1998

Der Wirbelsturm „Georges" richtet in der Dominikanischen Republik (Foto oben aus Santo Domingo), auf Haiti und auf Kuba schwere Verwüstungen an und erreicht am 25. September die Inselkette der Keys vor der Küste Floridas. Über 300 Menschen fallen dem Hurrikan zum Opfer.

Alle 229 Menschen an Bord kommen ums Leben, als ein Flugzeug der Swiss Air am 3. September vor der Ostküste Kanadas ins Meer stürzt. In seinem letzten Funkkontakt klagte der Pilot über Rauchentwicklung im Cockpit. Foto rechts: Angehörige versammeln sich bei Peggy's Cove an der kanadischen Küste, um gemeinsam der Toten zu gedenken.

SEPTEMBER 1998

„Die iranische Regierung hat nicht die Absicht, das Leben des Autors der ‚Satanischen Verse' zu bedrohen, und wird keine entsprechenden Maßnahmen ergreifen", erklärt der Außenminister des Iran, Kamal Charrasi, am 24. September am Rande der UN-Vollversammlung in New York. Teheran distanziert sich damit von dem Mordaufruf Ayatollah Ruhollah Khomeinis aus dem Jahr 1989. Wegen angeblicher Gotteslästerung hatte der damalige religiöse Führer des Iran die „Fatwa" über Salman Rushdie verhängt. Der anglo-indische Autor lebte seitdem abgeschirmt in einem Versteck.
Foto links: Befreit – Rushdie am 25. September bei einem Spaziergang durch London.

Mit einem Großmanöver an der Grenze zu Afghanistan, an dem bis zu 70 000 Soldaten teilnehmen (Foto oben), reagiert der Iran auf die Ermordung von neun seiner Diplomaten durch die im Nachbarland herrschenden Taliban-Milizen. Der Aufmarsch im Grenzgebiet wird am 7. September abgebrochen, ohne daß es zu kriegerischen Auseinandersetzungen zwischen den beiden Staaten kommt, die für verschiedene Richtungen des islamischen Fundamentalismus stehen.

SEPTEMBER 1998

Ein souveräner Sieg im Großen Preis von Luxemburg am 27. September bringt den Finnen Mika Häkkinen auf McLaren-Mercedes (Foto oben, links, mit dem zweitplazierten Ferrari-Piloten Michael Schumacher) wieder an die Spitze in der Formel-1-Weltmeisterschaft.

39jährig erliegt die Sprinterin Florence Griffith-Joyner (USA) am 21. September den Folgen eines epileptischen Anfalls. 1988 war ihr Superjahr mit Weltrekorden und olympischem Gold über 100 und 200 m, doch die Doping-Gerüchte wollten nie verstummen.

OKTOBER

Potsdamer Platz feierlich eröffnet

Bernhard Minetti gestorben

Rot-grüne Koalition perfekt

Am 20. Oktober ist der Koalitionsvertrag zwischen SPD und Bündnisgrünen perfekt. Als ihr wichtigstes Anliegen bezeichnen die Koalitionspartner die Bekämpfung der Arbeitslosigkeit. Dazu sollen alle gesellschaftlichen Kräfte mobilisiert und in einem Bündnis für Arbeit konkrete Schritte vereinbart werden.
Zu den Kernpunkten der Vereinbarung gehören ferner eine Reform des Staatsbürgerschaftsrechts, der Ausstieg aus der Kernenergie – allerdings ohne konkreten Zeitplan –, ein Einstieg in die Öko-Steuer, u.a. durch Erhöhung des Benzinpreises um sechs Pfennig je Liter, das Aussetzen der Senkung des Rentenniveaus von 70 auf 64 Prozent, die Erhöhung des Kindergeldes, ein Sofortprogramm zur Schaffung von Ausbildungsplätzen und eine Steuerreform in drei Stufen bis zum Jahr 2002, die u.a. das Schließen von Steuerschlupflöchern und eine moderate Senkung der Einkommensteuertarife beinhaltet. Die rot-grünen Steuerpläne stoßen bei Sachverständigen auf Kritik: Da auf eine spürbare Senkung der Steuersätze insbesondere für mittlere und höhere Einkommen zunächst verzichtet werde, sei der zu erwartende Effekt auf den Arbeitsmarkt gering, heißt es im Herbstgutachten der Wirtschaftsinstitute. Die Finanzlage des Bundes hätte zudem eine weitaus höhere Entlastung der Steuerzahler möglich gemacht.
Foto: Der designierte Kanzler Gerhard Schröder (SPD) und sein Außenminister Joschka Fischer (Bündnisgrüne) mit dem Vertrag; im Hintergrund SPD-Chef Oskar Lafontaine, der Finanzminister wird.

OKTOBER 1998

Berlin ist um zwei Attraktionen reicher: Am 2. Oktober wird auf dem Areal des Potsdamer Platzes die Daimler-City (Foto oben) feierlich eröffnet, zu der u.a. das IMAX-Kino (links), eine Mehrzweckbühne (rechts), die Zentrale des Daimler-Vertriebsunternehmens debis (im Hintergrund) sowie eine Einkaufszeile mit über 120 Geschäften gehören.
Die vom britischen Stararchitekten Sir Norman Foster entworfene neue Kuppel auf dem Reichstagsgebäude soll künftig bei bedeutenden politischen Ereignissen erleuchtet werden (Foto rechts, mit der Quadriga auf dem Brandenburger Tor).

OKTOBER 1998

Am 28. Oktober wird Gerhard Schröder als dritter Sozialdemokrat in der Geschichte des Bundestags zum Kanzler gewählt. Er erhält die Stimmen von 351 der 666 anwesenden Abgeordneten, also auch sieben Voten aus den Reihen der Opposition. Dem Kabinett Schröder gehören elf Sozialdemokraten, drei Bündnisgrüne und der parteilose Werner Müller als Wirtschaftsminister an. Foto links: Schröder spricht vor dem neuen Bundestagspräsidenten Wolfgang Thierse (SPD) den Amtseid; Foto oben: SPD-Chef und Finanzminister Oskar Lafontaine gratuliert dem Kanzler zur Wahl, links applaudiert Verteidigungsminister Rudolf Scharping, rechts der neue SPD-Fraktionsvorsitzende Peter Struck.

OKTOBER 1998

Nach 18monatigem Stillstand gibt es wieder Hoffnung auf eine Fortsetzung des Friedensprozesses im Nahen Osten. Moderiert von US-Präsident Bill Clinton und vom jordanischen König Hussein II., der sich zu einer Chemotherapie in den USA aufhält, einigen sich Israels Regierungschef Benjamin Netanjahu und Palästinenserpräsident Jassir Arafat nach neuntägigen Verhandlungen in Wye Plantation auf ein Zwischenabkommen. Es sieht u.a. den Rückzug der israelischen Armee aus weiteren 13% des besetzten Westjordanlandes, eine Kooperation beider Seiten im Kampf gegen Extremisten, die Entlassung in Israel inhaftierter Palästinenser und die Annullierung jener Passagen aus der PLO-Charta vor, die zur Zerstörung Israels aufrufen. Foto von der Unterzeichnung in Washington am 23. Oktober mit (von links) Arafat, König Hussein, Clinton und Netanjahu.

Nach wochenlang anhaltenden Schülerprotesten, die sich gegen die unzureichende personelle und finanzielle Ausstattung der öffentlichen Schulen richten, sichert die Regierung in Paris am 21. Oktober zu, mehr als eine Milliarde Mark zusätzlich für den Bildungsbereich zur Verfügung zu stellen.
Eine halbe Million Schüler beteiligen sich an den Demonstrationen (Foto vom 13. Oktober aus Bordeaux).

Auf Ersuchen Spaniens wird Chiles Ex-Diktator Augusto Pinochet am 17. Oktober bei einem Klinikaufenthalt in London festgenommen. Madrid wirft ihm Entführung, Folter und Ermordung spanischer Bürger vor. Zwar entscheidet ein Londoner Gericht am 28. Oktober, daß der Haftbefehl gegen Pinochets Immunität verstoße, doch bis zur Prüfung einer Revision bleibt er in Arrest. Foto: Jubel in Chile nach der Festnahme.

20 Staatsoberhäupter nehmen am 24. Oktober an den Feierlichkeiten zum 350. Jahrestag des Westfälischen Friedens teil, der 1648 den Dreißigjährigen Krieg beendete. Auf dem Domplatz in Münster spielen Fanfarenbläser in historischen Kostümen auf (Foto links).

OKTOBER 1998

Den Friedenspreis des Deutschen Buchhandels erhält 1998 Martin Walser, der die Geschicke der Bundesrepublik Deutschland mit gesellschaftskritischen Romanen begleitete. Anläßlich der Preisverleihung in der Frankfurter Paulskirche am 12. Oktober appelliert Walser an Bundespräsident Roman Herzog, den inhaftierten DDR-Topspion „Topas" zu begnadigen. Die Passagen in seiner Rede, in denen er sich pauschal gegen Rituale der Vergangenheitsbewältigung wendet, bringen dem Schriftsteller Kritik ein, unter anderem von Ignatz Bubis, dem Vorsitzenden des Zentralrats der Juden in Deutschland. Foto oben: Das Ehepaar Walser mit Börsenvereinschef Gerhard Kurtze (r.) und Herzog (l.).

Bernhard Minetti ist tot. Der Schauspieler, den Burgtheater-Intendant Claus Peymann einmal als „König der Theaterkunst" schlechthin bezeichnete, stirbt am 12. Oktober im Alter von 93 Jahren in Berlin. Minetti, der praktisch alle großen klassischen Rollen beherrschte, machte in den 70er und 80er Jahren u. a. in Stücken von Thomas Bernhard von sich reden. Foto rechts: Minetti als König Lear 1985.

Die Finanzkrise in Südostasien und Rußland läßt auch die Börse in Frankfurt nicht unberührt: Am 2. Oktober sinkt der DAX, der im Juli noch die 6000er Marke überschritten hatte, unter 4000 Punkte, er erholt sich jedoch bis Monatsende wieder etwas.

CHRONIK: DAS JAHR AUF EINEN BLICK

5.11.

12.11.

22.11.

NOVEMBER 1997

2. Der chinesische Staats- und Parteichef Jiang Zemin kehrt von einer einwöchigen USA-Reise nach Peking zurück (S. 20).
4. Frankreich präsentiert mit dem derzeitigen Gouverneur der Bank von Frankreich, Jean-Claude Trichet, einen eigenen Kandidaten für das Präsidentenamt der künftigen Europäischen Zentralbank und provoziert damit einen Streit innerhalb der EU. Bisher war der Niederländer Wim Duisenberg der einzige Kandidat für das Amt, das mit der Einführung des Euro geschaffen wird (S. 75).
5. Die Synode der Evangelischen Kirche in Deutschland wählt den 61jährigen Manfred Kock (Foto) zum neuen EKD-Ratsvorsitzenden. Der als liberal geltende Kock, Präses der Evangelischen Kirche im Rheinland, ist Nachfolger von Klaus Engelhardt, der sich nach sechsjähriger Amtszeit zurückzieht. – In einer auf dem Forum Berliner Universitäten gehaltenen Grundsatzrede fordert Bundespräsident Roman Herzog, der selbst einmal Hochschullehrer war, eine umfassende Reform des deutschen Bildungssystems in Richtung auf größere Transparenz, Effizienz, Flexibilität und Orientierung an ausländischen Abschlüssen. Der Bundespräsident mahnt ferner eine stärkere Werteerziehung an den Schulen an.
6. Das New Yorker Guggenheim-Museum eröffnet eine Dependance in Berlin (S. 17).
7. Der von Blockadeaktionen begleitete Streik der französischen Fernfahrer geht nach Abschluß eines Abkommens über Lohnerhöhungen zu Ende (S. 19).
8. Mit der Sperrung des Jangtse-Flusses im Drei-Schluchten-Gebiet beginnt der zweite Bauabschnitt eines gigantischen Staudammprojekts in Zentralchina (S. 21).
10. In Peking wird eine russisch-chinesische Grenzerklärung unterzeichnet (S. 21).
11. Nach einer Entscheidung des Europäischen Gerichtshofs in Luxemburg steht das Gesetz zur Frauenförderung im öffentlichen Dienst in Nordrhein-Westfalen nicht im Widerspruch zu EU-Rechtsnormen. Die darin festgeschriebene Quotenregelung für Frauen bei der Beför-

26.11.

26.19.

derung sei zulässig, weil sie nicht zu einer „automatischen Bevorzugung" aufgrund des Geschlechts führe.
12. Nach zweijähriger Umbauzeit wird der Leipziger Hauptbahnhof feierlich neu eröffnet (S. 17). – Der bisherige Hamburger Finanzsenator Ortwin Runde (SPD) wird von der Bürgerschaft zum Bürgermeister des Stadtstaates gewählt. Der neuen rot-grünen Regierung der Hansestadt gehören acht Senatoren der SPD und drei der Grün-Alternativen Liste an. Krista Sager (GAL) wird Wissenschafts- und Frauensenatorin. Foto: Runde und Sager bei den Koalitionsverhandlungen.
13. Der Irak weist die US-Bürger unter den Waffeninspekteuren der Vereinten Nationen aus und provoziert damit den Abzug aller UN-Inspektoren. Der UN-Sicherheitsrat verschärft die Sanktionen gegen den Irak und droht mit „ernsthaften Konsequenzen". Die Krise kann am 20. November durch russische Vermittlung zunächst beigelegt werden, flammt jedoch bald wieder auf (S. 51). – Zwölf EU-Botschafter kehren nach siebenmonatiger Abwesenheit in die iranische Hauptstadt Teheran zurück; am 21. November folgen ihre französischen und deutschen Kollegen. Die EU-Botschafter hatten den Iran wegen des „Mykonos"-Urteils, das die iranische Führung des Staatsterrorismus beschuldigte, verlassen.
14. Bundesbauminister Klaus Töpfer (CDU) erklärt, daß er das Angebot von UN-Generalsekretär Kofi Annan annehme und zum Jahresbeginn 1998 die Leitung der UN-Umweltbehörde in Nairobi übernehmen werde. Sein Nachfolger als Bundesminister wird der CSU-Abgeordnete Eduard Oswald. – Der Bundestag in Bonn verabschiedet eine neue Promilleregelung im Straßenverkehr. Wer künftig mit mindestens 0,5 Promille Blutalkohol erwischt wird, muß mit einem Bußgeld und zwei Strafpunkten in der Flensburger Verkehrssünderkartei rechnen. Für den Führerscheinentzug gilt weiterhin die 0,8-Promille-Grenze.
16. Wei Jingsheng, der „Vater der Demokratiebewegung" in China, wird aus dem Gefängnis entlassen und in die USA abgeschoben (S. 20). – Bei einer Volksabstimmung votieren die Ungarn mit deutlicher Mehrheit für einen NATO-Beitritt ihres Landes.
17. Einem Terroranschlag im oberägyptischen Luxor fallen 58 ausländische Touristen und vier unbeteiligte Ägypter zum Opfer. Die Attentäter werden von der Polizei erschossen (S. 15).
20. Die britische Königin Elisabeth II. und Prinzgemahl Philip feiern in London ihre goldene Hochzeit (S. 22). – Der Münchner Stadtrat entscheidet sich für James Levine als künftigen Chefdirigenten der Münchner Philharmoniker (S. 24).
21. Auf einem Sondergipfel zur Beschäftigungspolitik, der auf Initiative Frankreichs zustande kam, verständigen sich die EU-Staats- und Regierungschefs in Luxemburg auf eine engere Zusammenarbeit bei der Bekämpfung der Arbeitslosigkeit. Sie einigen sich u.a. auf Leitlinien zur Senkung der Jugend- und Langzeitarbeitslosigkeit.
22. Der Leadsänger der australischen Rockband „INXS", Michael Hutchence, wird in seinem Hotelzimmer in Sydney tot aufgefunden; er hat sich mit einem Ledergürtel erhängt. Die Hintergründe für den Freitod des 37jährigen Künstlers kurz vor dem Start einer Tournee zum 20. Jubiläum der Gruppe bleiben zunächst unklar. Foto: Hutchence bei einem Konzert am 18. Juni 1997 im Londoner Wembley-Stadion.
23. Der CSU-Parteitag in München bestätigt Bundesfinanzminister Theo Waigel in seinem Amt als Parteivorsitzender. Waigel erhält bei seiner fünften Wiederwahl das bisher schlechteste Ergebnis: Nur 83,5% der Delegierten votieren für ihn.
24. Yamaichi Securities, das viertgrößte japanische Geldinstitut, bricht unter seiner Schuldenlast zusammen (S. 23).
25. In Des Moines (Iowa/USA) kommen Siebenlinge zur Welt (S. 23).
26. Mode aus Papier wird auf einer Schau in Frankfurt am Main präsentiert (S. 24). – Werner Höfer ist tot. Der Fernsehjournalist, der vor allem durch die von ihm moderierte Sendung „Internationaler Frühschoppen" bekannt wurde, stirbt im Alter von 84 Jahren in Köln. Nach Presseveröffentlichungen über seine journalistische Tätigkeit in der NS-Zeit wurde Höfer 1987 die Leitung der Sendung entzogen. Das undatierte Archivfoto zeigt Höfer (2.v.l.) im Gespräch mit Jean Améry, François Bondy und Willem Fuchs. – Mit den Stimmen der Regierungsparteien CDU, CSU und FDP billigt der Deutsche Bundestag den Erwerb des seit Jahren umstrittenen europäischen Jagdflugzeugs „Eurofighter 2000" durch die Bundeswehr. Bis zum Jahr 2012 sollen insgesamt 180 Flugzeuge zu einem Gesamtpreis von knapp 23 Milliarden DM angeschafft werden (Foto eines 1997 auf der Hannover-Messe vorgeführten Modells).
27. Die Proteste deutscher Studenten erreichen mit einer zentralen Demonstration in Bonn ihren Höhepunkt (S. 17).

DEZEMBER 1997

3. Im kanadischen Ottawa wird das Abkommen zur Ächtung von Landminen von Vertretern aus 125 Staaten unterzeichnet (S. 31). – Der Chef der rechtsorientierten Bewegung „Forza Italia" und frühere italienische Ministerpräsident Silvio Berlusconi wird wegen Bilanzfälschung beim Kauf einer Firma zu 16 Monaten Haft verurteilt, muß seine Strafe wegen einer generellen Amnestie für solche Straftaten jedoch nicht antreten.
4. In Johannesburg (Südafrika) geht eine neuntägige Anhörung Winnie Mandelas (Foto) vor der Wahrheitskommission zur Aufklärung von Verbrechen während der Zeit der Apartheid zu Ende. Die geschiedene Frau von Präsident Nelson Mandela wird von Zeugen u.a. beschuldigt, Aufträge zum Mord und zur Folterung erteilt zu haben, weist aber alle gegen sie erhobenen Vorwürfe zurück. – Auf dem SPD-Parteitag in Hannover wird Oskar Lafontaine mit 93,2% der Delegiertenstimmen als Parteivorsitzender bestätigt.
5. Der frühere DDR-Regimekritiker Rudolf Bahro (Archivfoto von 1995) stirbt im Alter von 62 Jahren an einem langjährigen Krebsleiden. Bahro war 1977 durch das Buch „Die Alternative", einer Kritik des „real existierenden Sozialismus", im Westen bekannt geworden und durfte 1979 nach seiner Verurteilung zu acht Jahren Zuchthaus in die Bundesrepublik ausreisen. Hier engagierte er sich u.a. in der Ökologiebewegung.
6. Kurz nach dem Start stürzt eine russische Militärmaschine in ein Wohngebiet der sibirischen Stadt Irkutsk (S. 25). – Die Medien melden, daß der Rechtsterrorist Manfred Roeder im Januar 1995 einen Vortrag vor der Führungsakademie der Bundeswehr in Hamburg-Blankenese gehalten hat (S. 26). – Der letzte aus einer Gruppe von Pottwalen, die sich in die Nordsee verirrt haben, stirbt vor der dänischen Insel Röm (S. 29). – Der Europäische Filmpreis 1997 geht an die britische Komödie „Ganz oder gar nicht" (S. 32).
8. Durch den Zusammenschluß des Schweizerischen Bankvereins und der UBS Schweizerischen Bankgesellschaft zur United Bank of Switzerland entsteht das zweitgrößte Kreditinstitut der Welt.
11. Mit einem Abkommen, das hinter den Erwartungen vieler Klimaschützer weit zurückbleibt, geht die UNO-Klimaschutzkonferenz im japanischen Kyoto zu Ende. Die Teilnehmerstaaten verpflichten sich lediglich, die klimaschädigenden Treibhausgase bis zum Jahr 2012 unter das Niveau von 1990 zu senken. Für die USA, die EU und Japan werden gestaffelte Reduktionsziele festgelegt. Foto: Protestaktion der Umweltorganisation World Wide Fund for Nature (WWF) in Kyoto; die Erde erscheint dabei als Spielball der Mächtigen. – Bundesregierung und Opposition verständigen sich im Vermittlungsausschuß von Bundestag und Bundesrat auf einen Kompromiß in der Rentenpolitik: Um die andernfalls notwendige Erhöhung der Rentenbeiträge zum Jahresbeginn 1998 zu vermeiden, wird die Mehrwertsteuer ab dem 1. April 1998 von 15 auf 16% erhöht.
12. Der Bundestag setzt den Verteidigungsausschuß als Parlamentarischen Untersuchungsausschuß zur Aufklärung der Vorgänge im Zusammenhang mit dem Auftritt von Manfred Roeder vor der Führungsakademie der Bundeswehr ein (S. 26).
13. Auf dem EU-Gipfel in Luxemburg werden sechs beitrittswillige Länder zu konkreten Verhandlungen eingeladen (S. 26). – Durch Messerstiche werden am Rande der Handball-Weltmeisterschaften der Frauen in Berlin zwei dänische Fans getötet (S. 27). – Der tschechische Präsident Václav Havel setzt den parteilosen Josef Tosovsky, bisher Chef der Nationalbank, als Chef einer Übergangsregierung ein, die bis zu vorgezogenen Neuwahlen im Sommer 1998 die Geschicke des Landes leiten soll. Tosovskys Vorgänger Václav Klaus war über eine Spendenaffäre gestolpert.
15. Das Bundesverfassungsgericht bestätigt, daß Ärzte bei fehlgeschlagener Sterilisation oder mangelhafter genetischer Beratung für ein ungewolltes Kind Schadenersatz und Schmerzensgeld zahlen müssen.
17. Ein mit Gift versetztes Marmeladenglas der Firma Schwartauer Werke wird in einem Hamburger Supermarkt entdeckt (S. 27).
18. Trotz massiver Studentenproteste können sich Bund und Länder nicht über eine grundlegende Reform der Ausbildungsförderung einigen. Sie beschließen lediglich eine geringfügige Anhebung der BAföG-Sätze und der Elternfreibeträge.
19. Bei einem Flugzeugabsturz über Sumatra (Indonesien) sterben 104 Menschen (S. 31). – Der Bundesgerichtshof hebt das Urteil wegen Steuerhinterziehung gegen den Arzt und Bäderunternehmer Johannes Zwick auf, da nach Ansicht der Richter der Steuerfall größtenteils bereits verjährt war.
20. Die Benefiz-Gala zugunsten Leukämiekranker, die aus Leipzig live in der ARD übertragen wird, erzielt einen Erlös von elf Millionen DM (S. 32).
21. Der bisherige Außenminister Milan Milutinovic, der Kandidat von Slobodan Milosevic, wird zum neuen serbischen Präsidenten gewählt; er setzt sich gegen den Radikal-

CHRONIK 1997/1998

23.12.

31.12.

25.12.

nationalisten Vojislav Seselj durch. Das Amt des serbischen Präsidenten war seit Sommer 1997 vakant, da Milosevic, dessen Wiederwahl die Verfassung nicht zuließ, auf den Posten des Präsidenten der Bundesrepublik Jugoslawien (Serbien und Montenegro) gewechselt war. Mehrere vorhergehende Wahlen mußten annulliert werden, weil wegen eines Wahlboykotts, zu dem die Opposition aufgerufen hatte, die erforderliche Wahlbeteiligung von 50% nicht erreicht wurde.

23. Der gescheiterte Immobilienkaufmann Jürgen Schneider, der sich nach einer Milliardenpleite 1994 ins Ausland abgesetzt hatte, wird vom Frankfurter Landgericht wegen schweren Betrugs, Kreditbetrugs und Urkundenfälschung zu sechs Jahren und neun Monaten Haft verurteilt. Die Richter üben in ihrer Urteilsbegründung heftige Kritik am leichtfertigen Verhalten der Banken gegenüber Schneider. Foto: Schneider verabschiedet sich von seiner Ehefrau Claudia, um nach einem vom Gericht gewährten Weihnachtsurlaub seine Haftstrafe anzutreten.

25. Giorgio Strehler (Archivfoto von 1995) ist tot. Der italienische Theaterregisseur, der sich seit den 50er Jahren vor allem als Brecht-Experte einen Namen gemacht hat, stirbt 76jährig im schweizerischen Lugano.

29. Als Notmaßnahme zur Bekämpfung der Vogelgrippe läßt die Regierung von Hongkong alle 1,3 Millionen Hühner in der Stadt töten (S. 31).

31. Das Bundespostministerium beendet nach Abschluß der Privatisierungen bei Telekom und Post seine Arbeit; Bundespostminister Wolfgang Bötsch (CSU), der das Amt seit 1993 geleitet hatte, wird wieder einfacher Bundestagsabgeordneter. Foto: Bötsch (M.) bei der Verabschiedung durch Bundespräsident Roman Herzog; rechts Bundeskanzler Helmut Kohl.

CHRONIK 1998

JANUAR 1998

1. An Bord des Schiffes „Cometa" gelangen 386 überwiegend kurdische Flüchtlinge aus der Türkei an die apulische Küste. Seit November 1997 haben mehr als 2000 kurdische „Boat People" Italien erreicht, die angesichts bürgerkriegsähnlicher Zustände in ihrer Heimat in Europa Zuflucht suchen. Die europäischen Polizeibehörden beschließen am 8. Januar ein Aktionsprogramm gegen kriminelle Schlepper. – Mit dem Fall des Fernmeldemonopols sieht sich die Deutsche Telekom dem Wettbewerb ausgesetzt (S. 35). – Europäische Kulturhauptstadt des Jahres 1998 ist die schwedische Hauptstadt Stockholm. – Bei einem Angriff von Hutu-Rebellen auf eine Kaserne in Bujumbura, der Hauptstadt von Burundi, werden nach offiziellen Angaben 211 Menschen getötet. Andere Quellen berichten von mehr als 300 Opfern. – Neuer Vorstandsvorsitzender der Axel Springer AG ist der Schweizer August Fischer. Er löst Jürgen Richter ab, der den Verlag zwar zu wirtschaftlichen Erfolgen geführt hatte, wegen seines eigenwilligen Führungsstils jedoch in die Kritik geraten war.

2. In München stirbt 92jährig der Songtexter und Drehbuchautor Max Colpet, der u. a. für Marlene Dietrich „Sag mir, wo die Blumen sind" schrieb.

4. Wegen schwerwiegender Differenzen mit Ministerpräsident Benjamin Netanjahu erklärt der israelische Außenminister David Levy (Foto) seinen Rücktritt. Er wirft dem Regierungschef vor, den Friedensprozeß zu verschleppen und die sozialen Probleme im Lande zu ignorieren. – Sieger der Präsidentschaftswahlen in Litauen ist der Konservative Valdas Adamkus, der sich in der Stichwahl mit 50,4% der Stimmen knapp gegen den linksorientierten Aruras Paulauskas durchsetzt.

5. Auf der Autoshow in Detroit präsentiert Volkswagen erstmals den „New Beetle" (S. 33). – Der frühere Popstar Sonny Bono („Sonny and Cher") kommt bei einem Skiunfall in Nevada ums Leben. Er ist 62 Jahre alt geworden. Bono war 1994 als Abgeordneter für Kalifornien ins amerikanische Repräsentantenhaus gewählt worden.

6. Sieger der deutsch-österreichischen Vierschanzentournee ist der japanische Skispringer Kazuyoshi Funaki (S. 41). – Die unbemannte amerikanische Meßsonde „Lunar Prospector" startet in Cape Canaveral. Sie soll den Mond ein Jahr lang umkreisen, dabei die Zusammensetzung seiner Oberfläche analysieren und eine umfassende Karte des Erdtrabanten anlegen.

7. Der US-amerikanische Nachrichtensender CNN bringt ein Interview seiner Reporterin Christiane Amanpour mit dem iranischen Präsidenten Mohammad Chatami (Foto), der sich für eine Intensivierung des kulturellen Dialogs mit den USA ausspricht. Das offizielle Washington reagiert verhalten positiv. Die Beziehungen zwischen dem Iran und den USA sind seit der Geiselnahme in der Teheraner US-Botschaft 1979 eingefroren. – Mit Empörung reagiert die Weltöffentlichkeit auf die Ankündigung des US-Genforschers Richard Seed (Foto), er wolle eine Klinik zum Klonen von Menschen gründen. – Die spanische Polizei nimmt auf der kanarischen Insel Teneriffa 31 Mitglieder einer deutschen Sekte in Haft, die einen Massenselbstmord geplant haben soll. – Der Fährhafen Saßnitz auf Rügen (Mecklenburg-Vorpommern) wird nach zweijährigem Ausbau eröffnet. Es ist der größte Eisenbahnfährhafen an der deutschen Ostseeküste.

8. Als Hauptverantwortlicher des Bombenanschlags auf das World Trade Center in New York, bei dem am 26. Februar 1993 sechs Menschen starben und mehr als 1000 zum Teil schwer verletzt wurden, erhält der Terrorist Ramsi Ahmed Jussef eine Freiheitsstrafe von 240 Jahren.

9. Der Tod eines Schülers bei einem Polizeieinsatz in der polnischen Stadt Slupsk (Stolp) löst schwere Jugendkrawalle aus (S. 34).

10. Nach tagelangem Eisregen erklärt US-Präsident Bill Clinton den Nordosten des Landes zum Katastrophengebiet. Hier und im angrenzenden Kanada sind fast vier Millionen Menschen nach flächendeckenden Stromausfällen ohne Heizung, Licht und Wasser. Für das extreme Wetter, das in Kanada mindestens 15 Todesopfer fordert, wird das Klimaphänomen El Niño verantwortlich gemacht (siehe auch S. 53, 62, 87, 95).

11. In dem algerischen Dorf Sidi Hammed werden bei einem Massaker nach regierungsamtlichen Angaben 103 Menschen ermordet. Tageszeitungen, die sich auf Augenzeugen berufen, berichten von mindestens 428 Toten. Die Regierung macht islamische Extremisten verantwortlich. – Bei einem Terroranschlag auf eine Versammlung schiitischer Moslems im pakistanischen Lahore sterben 22 Menschen. Militante Sunniten sollen Urheber der Bluttat sein.

12. Kanzleramtsminister Friedrich Bohl (CDU) gibt bekannt, daß sich die Bundesregierung und die Jewish Claims Conference (JCC) auf eine Entschädigung für die osteuropäischen jüdischen Überlebenden des Holocaust geeinigt haben. Danach zahlt Deutschland insgesamt 200 Millionen DM in eine Stiftung, aus der die etwa 18 000 noch le-

benden Betroffenen durch die Auszahlung einer Rente unterstützt werden sollen. – 19 der 40 Mitgliedsländer des Europarats unterzeichnen in Paris ein Zusatzprotokoll der Konvention über Biomedizin, in dem sie sich zu einem Verbot des Klonens von Menschen verpflichten.

13. Generalbundesanwalt Kay Nehm stuft die in Deutschland verbotene Kurdische Arbeiterpartei PKK nicht mehr als terroristische Vereinigung ein. Nehm erklärt, die PKK-Führung habe seit 1996 Abstand von terroristischen Gewalttaten genommen, die Partei sei aber weiterhin als kriminelle Vereinigung anzusehen.

14. Das von Bill Gates (Foto) geleitete Softwareunternehmen Microsoft muß bei der Anhörung vor einem Washingtoner Gericht im Rechtsstreit mit dem US-Justizministerium einen Rückschlag hinnehmen. Die Richter folgen der Argumentation der US-Regierung, wonach die Bündelung des Betriebssystems „Windows 95" mit dem Programm „Internet Explorer" eine unzulässige Ausnutzung einer Quasi-Monopolstellung darstelle. Microsoft kündigt daraufhin eine stärkere Trennung der beiden Software-Teile an.

15. Der CSU-Politiker Eduard Oswald wird als neuer Bundesbauminister vereidigt. Er ist Nachfolger von Klaus Töpfer (CDU), der als Leiter des Umweltsekretariats der Vereinten Nationen nach Nairobi gegangen ist.

16. Das türkische Verfassungsgericht in Ankara verbietet die vom früheren Regierungschef Necmettin Erbakan geführte islamistische Wohlfahrtspartei, die gegen das in der Verfassung verankerte Grundprinzip der Trennung von Staat und Religion verstoßen habe. Erbakan verliert damit auch sein Abgeordnetenmandat.

17. Die Bündnisgrünen beschließen auf einem Landesparteitag in Jüchen die Fortsetzung der rot-grünen Koalition in Nordrhein-Westfalen (S. 35). – Auf den Philippinen startet ein weltweiter Protestmarsch gegen die Kinderarbeit (S. 38). – Die „Lotto-Fee" verabschiedet sich: Nach mehr als 30 Jahren präsentiert Karin Tietze-Ludwig (Foto) in der ARD zum letzten Mal die Ziehung der Lottozahlen.

18. In Perth (Australien) enden die Schwimm-Weltmeisterschaften (S. 40).

20. Erst im zweiten Wahlgang wird Václav Havel von beiden Kammern des tschechischen Parlaments für eine zweite fünfjährige Amtszeit als Staatspräsident wiedergewählt.

22. Der als „Una-Bomber" bekannt gewordene Theodore Kaszynski (Foto) bekennt sich vor einem Bundesrichter in Sacramento (Kalifornien) schuldig, bei 16 Anschlägen mit Paketbomben drei Menschen getötet und 23 weitere verletzt zu haben. Im Gegenzug läßt die Staatsanwaltschaft ihre Forderung nach der Todesstrafe für den Mathematiker fallen. Der 55jährige erhält eine lebenslange Freiheitsstrafe. – Das Museum des spanischen Montserrat-Klosters präsentiert ein seit über 70 Jahren verschollenes Gemälde von Salvador Dalí (S. 39). – Der Vatikan öffnet sein Inquisitionsarchiv für Historiker.

23. Bei einem Lawinenunglück in den französischen Alpen kommen elf Menschen ums Leben, darunter neun Schüler. Gegen den Hochgebirgsführer, der die Schulklasse bei einer Wanderung geleitet hatte, wird ein Ermittlungsverfahren wegen fahrlässiger Tötung und Körperverletzung eingeleitet.

25. Papst Johannes Paul II. beendet seinen Kuba-Besuch mit einer Messe in Havanna (S. 38).

26. Ein Gericht in Teheran verurteilt den deutschen Kaufmann Helmut Hofer zum Tode, weil er eine unerlaubte sexuelle Beziehung zu einer Iranerin unterhalten haben soll. Das Urteil, das den scharfen Protest der Bonner Regierung hervorruft, wird jedoch zunächst nicht vollstreckt.

27. In einem Brief an die Deutsche Bischofskonferenz erbittet Papst Johannes Paul II. eine Änderung bei der Schwangerenberatung durch katholische Stellen (S. 34). – Ernst Klett, der Begründer eines der größten deutschen Schulbuchverlage, stirbt im Alter von 86 Jahren in Stuttgart.

29. Die US-Raumfähre „Endeavour" stattet der russischen Weltraumstation „Mir" einen Besuch ab (S. 37). – Der Mineralölkonzern Shell gibt bekannt, daß die ausgemusterte Ölplattform Brent Spar, deren geplante Versenkung die Umweltschutzorganisation „Greenpeace" 1995 in einer spektakulären Aktion verhindert hatte, zerlegt und für den Ausbau einer Kaianlage bei Stavanger in Norwegen verwendet werden soll.

30. Im Sex-Skandal um die Ex-Praktikantin im Weißen Haus, Monica Lewinsky, wird US-Präsident Bill Clinton von deren Anwalt entlastet. Clinton hatte eine ihm unterstellte sexuelle Beziehung zu Lewinsky bestritten (S. 107).

31. Die Ausstellung „Körperwelten" in Mannheim wird um einen Monat verlängert (S. 39). – Die Schweizer Tennisspielerin Martina Hingis gewinnt die Australian Open, bei den Herren siegt der Tscheche Petr Korda (S. 42).

CHRONIK 1998

FEBRUAR 1998

2. US-Präsident Bill Clinton legt dem Kongreß einen Haushaltsentwurf vor, der erstmals seit 30 Jahren mit einem Überschuß abschließt. – Die kanadische Firmengruppe Bombardier übernimmt die Deutsche Waggonbau AG, die in vier Werken in Sachsen und Sachsen-Anhalt 4000 Mitarbeiter beschäftigt.
3. Bei einem Gondelunglück in den italienischen Dolomiten sterben 20 Menschen (S. 53). – Ungeachtet massiver Proteste von Menschenrechtsorganisationen (Foto) wird Karla Faye Tucker in Huntville (Texas) hingerichtet. Es ist die erste Exekution einer Frau in den USA seit 1984. In Texas liegt die letzte Hinrichtung einer weiblichen Verurteilten 135 Jahre zurück. – Der polnische Ministerpräsident Jerzy Buzek (Foto links, mit Bundeskanzler Helmut Kohl) hält sich zu einem zweitägigen Arbeitsbesuch in Deutschland auf. Buzek erklärt, er hoffe auf weitere deutsche Unterstützung für Polen bei den Beitrittsverhandlungen zur EU. – Der in Polen geborene Satiriker Gabriel Laub ist tot. Der Schriftsteller war nach dem Einmarsch der Warschauer-Pakt-Staaten in seine Wahlheimat Tschechoslowakei 1968 in den Westen emigriert und lebte seitdem in Deutschland.
4. Der Norden Afghanistans wird von einem schweren Erdbeben heimgesucht (S. 52).
5. Mit Protestaktionen vor Arbeitsämtern machen die Arbeitslosen in Deutschland auf ihre Lage aufmerksam (S. 55). – Niedersachsen und die Preussag AG einigen sich auf eine Übernahme der Preussag Stahl AG (Foto des 1996 fertiggestellten Elektrostahlwerks) durch das Land und die Norddeutsche Landesbank. Mit der Übernahme, für die sich Ministerpräsident Gerhard Schröder stark gemacht hat, wird der Verkauf von Preussag Stahl an einen österreichischen Interessenten verhindert. – Im Bundestag scheitert der heftig umstrittene parteiübergreifende Gesetzentwurf zum Schutz von Nichtrauchern vor gesundheitsschädlichem Tabakrauch. Der Entwurf sah u. a. die Einrichtung von Raucherzonen am Arbeitsplatz und ein generelles Rauchverbot in öffentlichen Gebäuden vor.
6. Der österreichische Popstar Falco (Archivfoto von 1988) stirbt bei einem Verkehrsunfall in der Dominikanischen Republik. Der Sänger, der mit Hits wie „Der Kommissar" und „Amadeus" den Austropop international bekannt machte, ist 40 Jahre alt geworden. – In der korsischen Stadt Ajaccio wird der Präfekt Claude Erignac erschossen. Zu dem Anschlag bekennen sich militante korsische Separatisten. – Carl Wilson, Gründungsmitglied und Leadgitarrist der amerikanischen Popgruppe „The Beach Boys", stirbt im Alter von 51 Jahren in Los Angeles.
7. Im japanischen Nagano beginnen die XVIII. Olympischen Winterspiele (S. 43).
8. Bei einem Volksentscheid sprechen sich die Bürger in Bayern mit 69,2% der abgegebenen Stimmen für die Abschaffung des bayerischen Senats aus, einer zweiten, nicht gewählten Parlamentskammer mit beratender Funktion, der Fachleute und Verbandsvertreter angehören. In weiteren Volksentscheiden billigen die Bayern eine Verkleinerung von Landtag und Landesregierung, die Verlängerung der Legislaturperiode von vier auf fünf Jahre und eine Modernisierung der Landesverfassung in den Fragen der Grundrechte und Staatsziele.
9. Der Spiegel Verlag startet eine Testphase für die digitale Tageszeitung „Der Tag" (Foto), für deren Herstellung keine Rotationsmaschine, sondern nur ein Drucker gebraucht wird. Die Redaktion sendet die Daten per Telefonleitung an Computer, die den Druck steuern. Dieses Verfahren sichert eine größere Aktualität. – Der georgische Präsident Eduard Schewardnadse überlebt unverletzt ein Attentat in der Hauptstadt Tiflis. Zwei seiner Leibwächter und ein Attentäter kommen bei dem Anschlag ums Leben. – Der isländische Schriftsteller Halldór Laxness, Nobelpreisträger des Jahres 1955, stirbt im Alter von 95 Jahren in der Hauptstadt Reykjavik. Zu seinen bekanntesten Romanen gehören „Valka Saga" (1931), „Atomstation" (1948), „Islandglocke" (1951) und „Das Fischkonzert" (1955).
10. Ein schweizerischer und drei deutsche Zollbeamte sterben bei Zwischenfällen an der deutsch-polnischen und der deutsch-schweizerischen Grenze (S. 55). – Mit zahlreichen Veranstaltungen wird des hundertsten Geburtstages von Bertolt Brecht gedacht (S. 56).
13. Soldaten der westafrikanischen Friedenstruppe Ecomog stürzen nach tagelangen Gefechten in der Hauptstadt Freetown die Militärjunta von Sierra Leone. Der demokratisch gewählte Präsident Ahmad Tejan Kabbah, den die Putschisten unter Johnny Paul Koroma im Mai 1997 durch einen Staatsstreich gestürzt hatten, kehrt am 10. März aus seinem Exil in Guinea nach Freetown zurück.
15. Ausschreitungen auf Java und Lombok (Indonesien) nach Preiserhöhungen fordern fünf Menschenleben (S. 54).
16. Beim Absturz eines Airbus in eine Siedlung bei Taipeh sterben 203 Personen.
17. Ernst Jünger (Archivfoto aus dem Jahr 1989) ist tot. Der von einigen als hervorra-

CHRONIK 1998

6.2.

9.2.

17.2.

25.2.

gender Stilist geschätzte Schriftsteller, der jedoch wegen seiner kriegsverherrlichenden Prosa und seiner Haltung während der NS-Herrschaft auch heftig angefeindet war, stirbt im Alter von 102 Jahren in einem Krankenhaus im oberschwäbischen Riedlingen. – Das Bundesverfassungsgericht bestätigt das vor allem für Sportveranstaltungen geltende Recht auf TV-Kurzberichterstattung. Die 90-Sekunden-Berichte sollen künftig jedoch nicht mehr kostenfrei sein.

18. Cathérine Deneuve erhält in Berlin einen Goldenen Bären für ihr Lebenswerk (S. 56). Der Goldene Bär im aktuellen Wettbewerb geht an den Film „Central Do Brasil" von Walter Salles.

20. Die internationale Friedenstruppe SFOR soll unbefristet in Bosnien-Herzegowina präsent bleiben. Darauf verständigt sich die NATO mit 20 weiteren Ländern, die an der 34 000 Mann starken Truppe beteiligt sind.

21. Als ersten Schritt auf dem Weg zu einem Friedensvertrag zwischen beiden Ländern unterzeichnen Rußland und Japan ein Regierungsabkommen über die Fischereirechte im umstrittenen Gebiet der südlichen Kurileninseln.

23. Im Konflikt mit der UNO über die Rüstungskontrollen lenkt die irakische Regierung ein (S. 52). – Über Florida fegen mehrere schwere Wirbelstürme hinweg (S. 53).

24. Zwei Jahre nach dem letzten französischen Atomtest in der Südsee ratifiziert die Nationalversammlung in Paris einstimmig das internationale Teststoppabkommen.

25. Der Schweizer Schlagersänger, Schauspieler und Entertainer Vico Torriani (Archivfoto aus dem Jahr 1995) stirbt im Alter von 77 Jahren in Agno im Tessin.

28. In der vorwiegend von Albanern bewohnten südserbischen Provinz Kosovo werden bei bewaffneten Auseinandersetzungen zwischen serbischen Polizeikräften und albanischen Freischärlern mindestens 20 Menschen getötet (S. 94).

CHRONIK 1998

13.3.

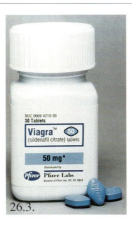
26.3.

MÄRZ 1998

1. Bei den Landtagswahlen in Niedersachsen erreicht die allein regierende SPD 47,9% (1994: 44,3%) der Stimmen und 83 der 157 Mandate, die CDU kommt auf 35,9% (36,4%) und 62 Sitze, Bündnis 90/Die Grünen erreichen 7,0% (7,4%) und 12 Mandate, die FDP scheitert mit 4,9% knapp an der Fünf-Prozent-Hürde. Ministerpräsident Gerhard Schröder wird nach dem Erfolg vom SPD-Vorstand zum Kanzlerkandidaten der Partei nominiert (S. 59). – Zwei Jahre nach dem Massaker an 16 Schulkindern in der schottischen Kleinstadt Dunblane tritt in Großbritannien ein Gesetz in Kraft, das den Besitz privater Handfeuerwaffen verbietet. Ein Verstoß wird mit bis zu zehn Jahren Haft bestraft.
4. Der israelische Staatspräsident Ezer Weizman wird vom Parlament für eine zweite fünfjährige Amtszeit wiedergewählt. – Bei schweren Überschwemmungen im Südwesten Pakistans sterben etwa 1800 Menschen.
5. Der Bundestag billigt das Änderungsgesetz zum Großen Lauschangriff in der von der SPD im Vermittlungsausschuß durchgesetzten Fassung (S. 59). – Bei der Explosion einer Autobombe in Colombo, der Hauptstadt Sri Lankas, kommen mindestens 33 Menschen ums Leben. Urheber des Anschlags sind vermutlich tamilische Rebellen, die für einen unabhängigen Staat kämpfen. – NASA-Wissenschaftler melden, daß es auf dem Mond mit hoher Wahrscheinlichkeit größere Mengen gefrorenen Wassers gebe. Sie stützen sich dabei auf die Auswertung von Daten der US-Mondsonde „Lunar Prospector".
7. Auf einem Parteitag in Magdeburg beschließen die Bündnisgrünen mit großer Mehrheit die Aufnahme der Forderung nach einem Benzinpreis von 5 DM in zehn Jahren in ihr Parteiprogramm (S. 58). – Ein Militärgericht in Rom verurteilt die ehemaligen SS-Führer Erich Priebke und Karl Hass wegen der Erschießung von 335 Zivilisten in den Ardeatinischen Höhlen bei Rom im Jahr 1944 zu lebenslanger Haft.
8. Das Opernfragment „Majakowskis Tod –

17.3.

8.3.

25.3.

27.3.

28.3.

Totentanz" von Dieter Schnebel wird in Leipzig uraufgeführt (S. 60). – Das Europäische Parlament veranstaltet unter dem Motto „Eine Rose für Afghanistan" eine Aktion zum Internationalen Frauentag. Damit soll die internationale Staatengemeinschaft bewegt werden, Druck auf das Taliban-Regime in Afghanistan auszuüben, das die Rechte der Frauen brutal mißachtet und sie von Bildungs- und Arbeitsmöglichkeiten fernhält (Foto: Afghanin in der Burka, dem traditionellen Schleier).

12. In der Lubminer Heide bei Greifswald (Vorpommern) wird ein atomares Zwischenlager in Betrieb genommen. Es soll radioaktiven Abfall aus den beiden stillgelegten DDR-Kernkraftwerken Lubmin und Rheinsberg aufnehmen.

13. Mit Humor reagiert Bundespräsident Roman Herzog (Foto rechts, mit „Lobredner" John Sincedile Mngomeni) auf eine Verwechslung bei seinem Besuch in der südafrikanischen Ostkap-Provinz. In Unkenntnis der Tatsache, daß der Bundespräsident ohne seine Frau Christiane unterwegs war, hielt die Begrüßungsdelegation Herzogs Dolmetscherin für seine Ehefrau und umarmte sie herzlich.

15. Zum zweiten Mal nach 1996 gewinnt Katja Seizinger aus Halblech den Gesamt-Weltcup im Alpinski. Den deutschen Triumph komplettieren Martina Ertl und Hilde Gerg auf den Plätzen zwei und drei. Seizinger ist außerdem Siegerin in der Abfahrt und im Super-G, Ertl im Riesenslalom.

16. Bei Hoechst-Marion Roussel in Frankfurt am Main geht eine Anlage zur gentechnischen Produktion von Insulin in Betrieb (S. 62). – Die Europäische Union lockert das seit 1996 bestehende Exportverbot für britisches Rindfleisch. Gegen die Stimmen Deutschlands und Belgiens billigen die EU-Landwirtschaftsminister einen Vorschlag der EU-Kommission, die Sperre für bestimmte nordirische Rinder aus garantiert BSE-freien Herden aufzuheben.

17. Mit nur 29 Gegenstimmen und 31 Enthaltungen wählt der 2950 Mitglieder zählende chinesische Volkskongreß in Peking Zhu Rongji (Foto) zum neuen Ministerpräsidenten des Landes. Die Delegierten trauen dem 69jährigen offenbar zu, die Reform der Staatsindustrie und den Abbau der Bürokratie voranzutreiben. Zhu Rongji ist Nachfolger von Li Peng, der am Vortag mit einem weitaus schlechteren Ergebnis zum Parlamentspräsidenten gewählt wurde.

20. Sechs Castor-Behälter mit Atommüll aus süddeutschen Kernkraftwerken treffen im Zwischenlager Ahaus ein (S. 59). – Die USA geben die Lockerung mehrerer Sanktionen gegen das sozialistische Kuba bekannt. Dem Regierungsbeschluß zufolge dürfen in den USA lebende Exilkubaner künftig wieder Geld an ihre Verwandten in Kuba schicken, und Hilfsgütertransporte dürfen wieder per Direktflug – ohne Umweg über ein Drittland – erfolgen.

23. Der Film „Titanic" von James Cameron wird mit elf Oscars ausgezeichnet (S. 57). – Die Bertelsmann AG übernimmt die US-Buchgruppe Random House und sichert sich damit eine Führungsposition auf dem englischsprachigen Buchmarkt.

25. Staatschefs aus elf afrikanischen Ländern unterzeichnen in Entebbe (Uganda) eine Erklärung, in der sie sich zur konsequenten Einhaltung der Menschenrechte verpflichten. Prominenter Gast ist US-Präsident Bill Clinton (Foto, mit dem äthiopischen Präsidenten Meles Zenawi). – Nach dem Urteil der EU-Kommission in Brüssel erfüllen elf EU-Staaten die im Maastricht-Vertrag genannten Bedingungen für die Teilnahme an der geplanten Europäischen Währungsunion. Dazu gehören – trotz ihres hohen Schuldenstandes – auch Belgien und Italien (S. 75).

26. Die US-amerikanische Gesundheitsbehörde FDA erteilt dem Medikament „Viagra" (Foto) die Zulassung, das Männern bei Erektionsstörungen wirksam und unkompliziert Hilfe bieten soll. In den USA wird „Viagra" ein Verkaufsschlager, in Europa wird die Potenzpille schon vor der offiziellen Einführung im Herbst 1998 auf dem Schwarzmarkt gehandelt.

27. Ferdinand („Ferry") Porsche (undatiertes Archivfoto) ist tot. Der Gründer und Aufsichtsrats-Ehrenvorsitzende des Sportwagenherstellers stirbt im Alter von 88 Jahren in Zell am See. Porsche gilt als einer der großen Autopioniere in Deutschland. Sein 1951 verstorbener Vater ist der Erfinder des Volkswagens.

28. Fast genau zwei Jahre nach der spektakulären Entführung des Hamburger Multimillionärs Jan Philipp Reemtsma wird der als „Kopf" der Geiselnehmer gesuchte Thomas Drach (Foto) in einem Hotel in Buenos Aires festgenommen. Der 37jährige war mit einem gefälschten britischen Paß nach Argentinien eingereist und wollte ein Konzert der Rolling Stones besuchen.

31. Mit der Präsentation eines Riesengemäldes in der australischen Hauptstadt Canberra fordern Ureinwohner vom Stamm der Walmajarri die Regierung zur Rückgabe einer 80 000 Hektar großen Region im Nordwesten des Kontinents auf (S. 60).

CHRONIK 1998

APRIL 1998

1. Österreich und Italien werden in den „Schengen-Raum" einbezogen (S. 63). – Die im Dezember 1997 beschlossene Erhöhung der Mehrwertsteuer von 15 auf 16% wird wirksam. Mit den Mehreinnahmen soll der Rentenbeitragssatz stabil gehalten werden. – In Japan treten ein neues Devisengesetz, mit dem alle Restriktionen im grenzüberschreitenden Kapitalverkehr aufgehoben werden, und ein neues Notenbankgesetz in Kraft. Es garantiert der Bank of Japan – nach dem Vorbild der Deutschen Bundesbank – weitgehende Unabhängigkeit von der Politik.
2. Der französische Nazi-Kollaborateur und spätere Minister Maurice Papon wird wegen seiner Beteiligung an der Deportation von Juden aus Bordeaux während der deutschen Besatzung im Zweiten Weltkrieg zu zehn Jahren Haft verurteilt, bleibt aber auf freiem Fuß. – Die Regierung von Brandenburg legt einen Abschlußbericht über die Folgen des Oder-Hochwassers im Sommer 1997 vor. Danach summiert sich der durch Überschwemmungen hervorgerufene Schaden auf 648 Millionen DM. Private Verluste konnten zu 90% durch Spendengelder ausgeglichen werden.
3. Zehn Jahre nach dem Ende des Kriegs zwischen dem Iran und dem Irak (1980–1988) beginnen die beteiligten Staaten mit dem Austausch von Kriegsgefangenen. In einem ersten Schritt werden 1800 Iraker und 112 Iraner entlassen. – Wegen der Besetzung von Räumen des Bundesinnenministeriums in Berlin werden der PDS-Vorsitzende Lothar Bisky und der Chef der Bundestagsgruppe der Partei, Gregor Gysi, zu Geldstrafen verurteilt. Mit anderen PDS-Mitgliedern hatten die beiden 1994 die Räume besetzt, um gegen eine Steuerforderung an die Partei zu protestieren. – Nach 13jähriger Arbeit verabschiedet die UN-Menschenrechtskommission in Genf eine Deklaration, mit der Menschen vor Repressionen geschützt werden sollen, die sich auf friedliche Weise gegen Verletzungen der Menschenrechte zur Wehr setzen. Nach der Deklaration haben Menschen das Recht, Informationen über die Menschenrechtslage in ihrem jeweiligen Land zu verbreiten, Regierungen zu kritisieren und sich über die Einschränkung ihrer Freiheit zu beschweren.
4. Bei einem schweren Grubenunglück in der Ukraine kommen mindestens 63 Bergleute ums Leben. – Zum Abschluß der zweitägigen asiatisch-europäischen Gipfelkonferenz Asem in London bekräftigen die beteiligten Staatsmänner ihre Absicht, auf die Wirtschafts- und Finanzkrise in Fernost nicht mit protektionistischen Maßnahmen zu reagieren.
5. Die längste Hängebrücke der Welt wird in Japan eröffnet (S. 69).
7. Das viertägige Opferfest der Muslime beginnt (S. 67).
10. Am Karfreitag verständigen sich die Teilnehmer der All-Parteien-Gespräche über die Zukunft Nordirlands auf ein Friedensabkommen (S. 68).
11. Der britische Krimiautor Francis Durbridge stirbt im Alter von 85 Jahren in London. Mit seinem berühmten „Halstuch"-Mehrteiler erreichte Durbridge 1962 in Deutschland Rekord-Einschaltquoten von 89%.
14. Der frühere Wiener Erzbischof Hans Hermann Groer, dem der sexuelle Mißbrauch von Schülern und Priestern angelastet wird, bittet öffentlich um Vergebung. Mit dieser vom Vatikan veranlaßten Erklärung soll offenbar ein Schlußstrich unter die seit drei Jahren schwelende Affäre gezogen werden.
15. Der frühere kambodschanische Diktator Pol Pot ist tot (S. 71).
16. Spektakulärer Höhepunkt der Bauernproteste in Frankreich ist die Blockade einer Autobahnbrücke (S. 73). – Wegen Totschlags an seiner Frau wird Pastor Klaus Geyer in Braunschweig in einem aufsehenerregenden Indizienprozeß zu acht Jahren Haft verurteilt. Geyer ist der erste Geistliche in Deutschland, der wegen eines Tötungsdelikts hinter Gitter muß. – Die Kanadierin Marie Louise Febronie Meilleur stirbt im Alter von 117 Jahren in Quebec. Sie galt offiziell als der älteste Mensch der Welt.
17. In Deutschland soll eine Gen-Datei für bestimmte Straftäter eingerichtet werden (S. 64). – Auf einem Sonderparteitag der SPD in Leipzig wählen die Delegierten den niedersächsischen Ministerpräsidenten Gerhard Schröder (Foto), einem Vorschlag des Parteivorstands folgend, zu ihrem Kanzlerkandidaten für die Bundestagswahl am 27. September. Schröder erhält 93,01% der Delegiertenstimmen.
18. Das Festspielhaus in Baden-Baden wird eröffnet (S. 74). – Wang Dan, einer der prominentesten chinesischen Dissidenten, wird nach sieben Jahren Haft entlassen und in die USA abgeschoben. Er war ein Anführer der Studentenproteste in Peking, die 1989 von der Armee blutig niedergeschlagen wurden. – Erstmals seit 20 Jahren wird das berühmte Grabtuch Christi wieder im Turiner Dom ausgestellt, zum vierten Mal in diesem Jahrhundert.
19. Die Bundespräsidentenwahl in Österreich gewinnt der für eine zweite Amtszeit angetretene konservative Politiker Thomas Klestil (S. 69). – Der mexikanische Dichter und Essayist Octavio Paz (Archivfoto von 1992), Literaturnobel-

20.4.

23.4.

24.4.

preisträger des Jahres 1990, stirbt im Alter von 84 Jahren in Mexiko-Stadt. Zu seinen bekanntesten Werken gehört der Essayband „Das Labyrinth der Einsamkeit" (1950). – Der Fraktionsvorsitzende der Bündnisgrünen im Bundestag, Joschka Fischer (Foto), nimmt zum ersten Mal an einem Marathonlauf teil. Der 50jährige erreicht beim Hanse-Marathon in Hamburg nach 3 Stunden 41 Minuten und 36 Sekunden als 4179. unter den rund 11 000 Teilnehmern das Ziel.
20. Bei einem Flugzeugabsturz in Kolumbien sterben 53 Menschen (S. 71). – In einem Schreiben, das bei der Nachrichtenagentur Reuters eingeht, erklärt die Rote Armee Fraktion ihre Selbstauflösung. Durch Anschläge der Terrorgruppe starben seit 1970 mindestens 30 Menschen. Das Foto zeigt die letzte Seite des Schreibens, das von Experten des Bundeskriminalamts als echt eingeschätzt wird.
21. Der französische Philosoph Jean-François Lyotard, einer der Väter der Postmoderne, stirbt 73jährig in Paris.

23. Der Schriftsteller Gregor von Rezzori, der mit seinen „Maghrebinischen Geschichten" weithin bekannt wurde, stirbt im Alter von 83 Jahren in Donini bei Florenz. Auf dem Archivfoto aus dem Jahr 1994 zeigt der Autor, der mehr als 20 Bücher veröffentlichte und sich mit Zeitschriften-, Radio- und Fernsehbeiträgen zu Wort meldete, in seinem Anwesen auf die Stelle, wo einmal seine Urne bestattet werden soll. – 91jährig stirbt in Athen der griechische Politiker Konstantin Karamanlis, der von 1974 bis 1980 Ministerpräsident, von 1980 bis 1985 sowie von 1990 bis 1995 Staatspräsident des Landes war.
24. Zehn von bewaffneten Rebellen in Somalia verschleppte Rot-Kreuz-Helfer, darunter auch ein Deutscher, werden nach neun Tagen freigelassen (S. 64). – Die spektakuläre Flucht von Marc Dutroux führt in Belgien zu einer Regierungskrise. Der Innen- und der Justizminister treten zurück (S. 70). – Im dritten Anlauf wählt die Duma, das russische Parlament, den 35jährigen Sergei Kirijenko (Foto links, mit seinem Vorgänger Viktor Tschernomyrdin) auf Vorschlag von Präsident Boris Jelzin zum neuen Regierungschef des Landes. Bei einer neuerlichen Ablehnung hätte der Duma die Auflösung durch den Präsidenten gedroht. Kirijenko, bisher Energieminister, will Rußland aus der Wirtschafts- und Finanzkrise herausführen (S. 106).
25. Im Beisein des nordrhein-westfälischen Ministerpräsidenten Johannes Rau wird in Jülich die Bundesgartenschau eröffnet (S. 65). – Abwässer einer Schwefelkies-Mine bei Sevilla verseuchen ein mehrere tausend Hektar großes Areal (S. 70).
26. Aus den Landtagswahlen in Sachsen-Anhalt geht die SPD als Sieger hervor (S. 65). – Der Bischof von Guatemala-Stadt, Juan Gerardi y Conedera, wird vor seinem Haus erschlagen. Gerardi hatte eine Untersuchung über Verbrechen während des Bürgerkriegs in Guatemala 1960 bis 1996 geleitet, deren Ergebnisse wenige Tage zuvor veröffentlicht worden waren.
27. Bei ihrem Weltumrundungsversuch treffen die britischen Piloten Brian Milton und Keith Ronalds mit ihrem Leichtflugzeug in China ein (S. 72). – Mit einem landesweiten Streik unterstreichen dänische Arbeitnehmer ihre Forderung nach zusätzlichem Urlaub (S. 73). – Wegen des gewaltsamen Vorgehens serbischer Sicherheitskräfte in der vorwiegend von Albanern bewohnten Krisenprovinz Kosovo beschließen die Außenminister der EU Boykottmaßnahmen gegen die Bundesrepublik Jugoslawien (Serbien und Montenegro). – Die französische Schriftstellerin Dominique Aury, die 1954 mit ihrem erotischen Roman „Die Geschichte der O." für Aufmerksamkeit sorgte, stirbt im Alter von 90 Jahren.
28. Der Europäische Gerichtshof in Luxemburg entscheidet, daß Krankenkassen ihren Mitgliedern auch dann die Kosten für ambulante medizinische Behandlungen und Medikamente erstatten müssen, wenn sie diese in einem anderen EU-Land erhalten haben. Dabei richtet sich die Kostenerstattung nach den Versicherungssätzen ihres Heimatlandes.
29. Der am 27. Januar 1997 wegen Steuerhinterziehung zu drei Jahren und neun Monaten Haft verurteilte Peter Graf, der Vater der Tennisspielerin Stefanie Graf, wird vorzeitig auf Bewährung entlassen.
30. Claus Peymann, derzeit noch Intendant des Wiener Burgtheaters, unterschreibt einen Fünfjahresvertrag mit dem Berliner Ensemble. Peymann tritt sein neues Intendantenamt in der Bundeshauptstadt am 1. August 1999 an.

CHRONIK 1998

MAI 1998

1. In Deutschland tritt eine neue Promille-Regelung in Kraft. Wer mit 0,5% Promille Alkohol im Blut am Steuer erwischt wird, muß künftig mit einem Bußgeld von 200 DM und zwei Punkten in der Flensburger Verkehrssünderkartei rechnen. Ein Führerscheinentzug droht weiterhin erst bei Überschreiten der 0,8-Promille-Grenze.
3. Die Staats- und Regierungschefs der EU besiegeln auf einem Gipfel in Brüssel die Europäische Währungsunion zum Jahresbeginn 1999 (S. 75).
4. Wenige Stunden nach seiner Ernennung zum neuen Kommandeur der Schweizergarde wird Alois Estermann (Foto) zusammen mit seiner Frau tot aufgefunden. Die beiden sind von einem Unteroffizier der Schweizergarde offenbar im Zusammenhang mit einem dienstlichen Streit erschossen worden. Es ist das erste Tötungsdelikt im modernen, 1929 geschaffenen Vatikanstaat.
5. In der süditalienischen Region Kampanien gehen nach tagelang anhaltenden schweren Regenfällen Erdrutsche und Schlammlawinen nieder, die vermutlich über 200 Menschenleben fordern. Allein in der Kleinstadt Sarno werden bis Mitte des Monats 125 Leichen geborgen. Das Foto ist in Episcopio, einem Dorf in der Nähe von Sarno, aufgenommen. – Als letztes der 40 Mitgliedsländer des Europarats setzt Rußland die europäische Menschenrechtskonvention in Kraft. Künftig können russische Bürger ihren Staat wegen Verletzungen von Grundrechten vor dem Europäischen Gerichtshof für Menschenrechte verklagen.
6. Sieger der Parlamentswahlen in den Niederlanden ist die sozialdemokratische Partei der Arbeit von Ministerpräsident Wim Kok. Die sozialliberale Drei-Parteien-Koalition geht gestärkt aus dem Urnengang hervor, während die oppositionellen Christdemokraten das schlechteste Ergebnis ihrer Geschichte hinnehmen müssen. – Der Politiker Erich Mende stirbt 81jährig in Bonn. Mende war unter Ludwig Erhard von 1963 bis 1966 Minister für gesamtdeutsche Fragen. Aus Protest gegen die Ostverträge verließ er 1970 die FDP, deren Vorsitz er einmal innegehabt hatte, und trat der CDU bei.
7. Die Daimler-Benz AG und der amerikanische Autokonzern Chrysler geben ihre Fusion bekannt (S. 78).
9. Der 1. FC Kaiserslautern ist Deutscher Fußballmeister (S. 81). – Guildo Horn belegt beim Grand Prix d'Eurovision de la Chanson in Birmingham den siebten Rang (S. 82).
11. Indien führt in der Wüste von Rajastan Atomtests durch (S. 76). – Sieger der Präsidentenwahlen auf den Philippinen ist der bisherige Vizepräsident und frühere Filmschauspieler Joseph Estrada. Er löst Fidel Ramos ab, der nach der Verfassung nicht erneut kandidieren durfte.
12. Hermann Lenz, einer der bedeutendsten deutschen Erzähler der Gegenwart, stirbt im Alter von 85 Jahren in München.
13. Das Europaparlament in Straßburg stimmt mit großer Mehrheit der Richtlinie zum Verbot von Tabakwerbung zu (S. 76).
14. Im Rahmen eines zweitägigen Deutschlandbesuchs nimmt US-Präsident Bill Clinton an den Feierlichkeiten zum 50. Jubiläum der Luftbrücke in Berlin teil (S. 79). – Das Abgeordnetenhaus in Rom beschließt, daß der italienische Staatspräsident künftig direkt vom Volk gewählt werden soll. Das neue Wahlverfahren ist ein zentraler Punkt weitreichender Verfassungsreformen in Italien.
15. Der amerikanische Entertainer Frank Sinatra stirbt 82jährig in Los Angeles (S. 82). – Auf seiner Jahrestagung spricht sich das westdeutsche PEN-Zentrum mit großer Mehrheit für eine Verschmelzung mit dem Ost-PEN aus. Damit wird ein Schlußstrich unter seit der deutschen Vereinigung anhaltende Streitigkeiten gezogen, die sich an politisch belasteten Autoren der ehemaligen DDR entzündet hatten und zu mehr als 50 Austritten aus dem West-PEN führten.
16. Bayern München gewinnt durch einen 2:1-Finalsieg über den MSV Duisburg den DFB-Pokal (S. 81).
17. Auf dem Weltwirtschaftsgipfel in Birmingham erklären die Staats- und Regierungschefs der sieben führenden Industrienationen sowie Rußlands die Förderung des Wirtschaftswachstums in der Dritten Welt, die Schaffung von Arbeitsplätzen und den Kampf gegen das internationale Verbrechen zu ihren zentralen Aufgaben.
21. Der indonesische Präsident Suharto, der seit 30 Jahren an der Spitze des südostasiatischen Inselreichs steht, beugt sich den wochenlang anhaltenden massiven Protesten der Studenten und erklärt seinen Rücktritt. Sein Nachfolger, der bisherige Vizepräsident Bacharuddin J. Habibie, erklärt, er wolle energisch gegen Korruption und Vetternwirtschaft vorgehen, und kündigt Neuwahlen zum Jahresende an. Ursache für die friedlichen Studentenproteste, aber auch für die blutigen Unruhen und Plünderungen (Foto vom 14. Mai aus Jakarta), denen bis zu 600 Menschen zum Opfer fallen, sind massive Preiserhöhungen, die die Regierung angesichts der gravierenden Wirtschafts- und Finanzkrise angeordnet hat. – In Lissabon wird die Expo eröffnet (S. 76). – Bundesumwelt-

21.5.

ministerin Angela Merkel verbietet bis auf weiteres den Transport von Atommüll (S. 78). – In Springfield/Oregon eröffnet ein Schüler in der Cafeteria der High School das Feuer. Zwei seiner Mitschüler sterben, 23 werden verletzt. Vor dem Amoklauf hatte der 15jährige seine Eltern erschossen.
22. Die auf der irischen Insel lebenden Menschen billigen in einer Volksabstimmung mit überwältigender Mehrheit das Friedensabkommen für Nordirland (S. 68).
24. Durch ein 3:0 über Tschechien gewinnt die deutsche Tennismannschaft den World Team Cup (S. 80). – Bei den Parlamentswahlen in Ungarn muß die von Ministerpräsident Gyula Horn geführte sozialistisch-liberale Koalition eine Niederlage hinnehmen. Neuer Regierungschef wird der 35jährige Viktor Orbán, dessen rechtsliberale Partei FIDESz-MPP mit 38% der Stimmen und 148 Mandaten stärkste Kraft im Parlament wird. Orbán bildet eine Koalition mit der national-konservativen Partei der Landwirte und dem Ungarisch-Demokratischen Forum. – Zum Abschluß der Filmfestspiele in Cannes wird der griechische Regisseur Theo Angelopoulos für seinen Beitrag „Die Ewigkeit und ein Tag" mit der Goldenen Palme geehrt.
26. Reinhard Höppner (SPD) wird im ersten Wahlgang mit den Stimmen seiner Fraktion und der PDS als Ministerpräsident von Sachsen-Anhalt wiedergewählt (S. 65). – Die EU-Agrarminister beschließen auf ihrer Ratstagung in Brüssel, daß alle Lebensmittel, die gentechnisch veränderte Soja- oder Maisbestandteile enthalten, umfassend und klar gekennzeichnet werden müssen.
27. Der Düsseldorfer Landtag wählt Wolfgang Clement (SPD) zum neuen Ministerpräsidenten von Nordrhein-Westfalen (S. 79). – Die EU-Kommission stoppt aus Wettbewerbsgründen die Pläne der Medienunternehmen Kirch und Bertelsmann für ein gemeinsames digitales Fernsehen.
28. Mit 55,1% Ja-Stimmen billigen die Dänen in einer Volksabstimmung den Amsterdamer Vertrag zur Reform der EU. An der Abstimmung, deren Ergebnis von Regierungschef Poul Nyrup Rasmussen (Foto) mit Erleichterung aufgenommen wird, beteiligen sich 74,8% der vier Millionen stimmberechtigten Dänen. – Pakistan zündet zum ersten Mal in der Geschichte des Landes atomare Sprengkörper (S. 76).
29. Der schwedische Reichstag verabschiedet ein Anti-Prostitutionsgesetz, das den Freier, und nicht die Prostituierte, mit Haftstrafen bis zu sechs Monaten bedroht.
30. Bei einem Erdbeben in Afghanistan kommen mindestens 5000 Menschen ums Leben (S. 52).

CHRONIK 1998

7.6.

8.6.

8.6.

JUNI 1998

2. Zehneinhalb Jahre nach dem mysteriösen Tod des früheren schleswig-holsteinischen Ministerpräsidenten Uwe Barschel – man fand 1987 seine Leiche in der Badewanne eines Genfer Hotelzimmers – stellt die Staatsanwaltschaft Lübeck das Ermittlungsverfahren ein. Bei den Untersuchungen konnte nicht geklärt werden, ob Barschel ermordet wurde oder aus eigenem Willen starb. – Die US-Raumfähre „Discovery" startet mit einer sechsköpfigen Besatzung zu einem letzten Rendezvous mit der russischen Raumstation „Mir".
3. Bei einem Zugunglück in der Nähe von Eschede (Niedersachsen) kommen 101 Menschen ums Leben, 88 werden zum Teil schwer verletzt (S. 83/84).
6. Der Film „Comedian Harmonists" von Joseph Vilsmaier ist der große Sieger beim Deutschen Filmpreis 1998, der vom Bundesinnenministerium vergeben wird. Er erhält das Filmband in Gold als bester Streifen und vier weitere Preise. Als bester Regisseur wird Wim Wenders für seinen Film „Am Ende der Gewalt" ausgezeichnet.
7. Aus Anlaß der 350-Jahr-Feier des Westfälischen Friedens, der 1648 den Dreißigjährigen Krieg beendete, besucht der Dalai Lama, das im Exil lebende geistliche und weltliche Oberhaupt der Tibeter, die Städte Osnabrück und Münster (Foto). – Mit einer Mehrheit von 65% sprechen sich die Schweizer in einer Volksabstimmung dagegen aus, die Forschung mit genveränderten Tieren oder den Anbau genveränderter Pflanzen zu verbieten.
8. Trotz heftiger österreichischer Kritik geht das rund 180 Kilometer östlich von Wien gelegene slowakische Kernkraftwerk Mochovce (Foto) ans Netz. Die Österreicher bemängeln vor allem, daß dem Reaktor Schutzeinrichtungen fehlten, die in westlichen Kraftwerken zum Standard gehörten. – Der Schweizer Joseph Blatter (Foto), bisher Generalsekretär des Weltfußballverbandes FIFA, wird zum neuen Präsidenten der Organisation gewählt. Er ist Nachfolger des 82jährigen Brasilianers João Havelange, der nach 24 Jahren an der Spitze der FIFA nicht erneut kandidierte. Blatter setzt sich im ersten Wahlgang gegen den UEFA-Präsidenten Lennart Johansson aus Schweden durch. – Die für Fischerei zuständigen EU-Minister beschließen nach vierjährigen Verhandlungen, die Treibnetzfischerei in der Europäischen Union ab dem Jahr 2002 zu verbieten. Damit sollen Meeressäuger wie Delphine und Wale sowie Schildkröten und Seevögel geschützt werden. Schon 1998 muß die Treibnetz-Flotte ihre Kapazität um 40% verringern. – Im Alter von 54 Jahren stirbt der nigerianische Juntachef Sani Abacha, der seit 1993 im Amt war. Sein Nachfolger, General Abdulsalam Abubakar, erklärt sich zur Freilassung politischer Gefangener bereit.
9. Der neue Regierungschef von Nordrhein-Westfalen, Wolfgang Clement (SPD), stellt seine auf acht (bisher zwölf) Minister verkleinerte Regierungsmannschaft vor. Für die Zusammenlegung des Innen- und Justizressorts erntet Clement viel Kritik, da sie gegen das Prinzip der Gewaltenteilung verstoße. – Bei einem Wirbelsturm an der Westküste Indiens sterben weit über tausend Menschen. – Kardinal Agostino Casaroli, der von 1979 bis 1991 als Kardinalstaatssekretär von Papst Johannes Paul II. fungierte, stirbt im Alter von 83 Jahren in Rom. Casaroli gilt als Architekt der vatikanischen Ostpolitik.
10. Auftakt der 16. Fußball-WM in Frankreich ist das Spiel Brasilien gegen Schottland (S. 88). – Mit einem Aufruf zu mehr Mut und Hoffnung eröffnet der Vorsitzende der Deutschen Bischofskonferenz, Karl Lehmann, den 93. Deutschen Katholikentag, der unter dem Motto „Gebt Zeugnis von Eurer Hoffnung" bis zum 14. Juni in Mainz stattfindet. An den Veranstaltungen des Laientreffens nehmen etwa 40 000 Menschen teil. – Der frühere argentinische Diktator Jorge Rafael Videla wird überraschend verhaftet. Der zuständige Bundesrichter wirft dem 71jährigen vor, während des Militärregimes 1976 bis 1983 in mehrere Fälle von Kindesraub verwickelt gewesen zu sein. Für diese Straftat gelten die nach dem Ende der Militärdiktatur erlassenen Amnestiegesetze nicht.
12. Nach sechsjähriger Bauzeit wird am Berliner Kulturforum die neue Gemäldegalerie eröffnet, die wertvolle Bestände aus dem Ost- und Westteil der Stadt vereinigt. Das neue Museum beherbergt damit eine der größten und bedeutendsten Sammlungen europäischer Malerei.
13. In dem kleinen Ort Evionnez in der französischsprachigen Schweiz öffnet das größte Labyrinth der Welt (Foto) seine Pforten. Es erstreckt sich auf 10 000 Quadratmeter und ist aus Lebensbäumen gepflanzt. Evionnez läuft damit Honululu auf Hawaii den Rang ab, das ein kleineres Labyrinth aus Ananas sein eigen nennt.
14. Die Brücke über den Großen Belt (Dänemark) wird für den Autoverkehr freigegeben (S. 85).
15. Rund 300 Steuerfahnder durchsuchen Geschäftsräume und Büros der Deutschen Bank, deren Mitarbeiter im Verdacht stehen, ihren Kunden bei der Steuerhinterziehung geholfen zu haben.

13.6.

21.6.

Nach Angaben der Staatsanwaltschaft geht es um anonymisierte Anlagen bei der Deutschen Bank in Luxemburg und in der Schweiz.

16. Der südkoreanische Unternehmer Chung Ju Yung läßt in einer spektakulären Spendenaktion 500 Rinder mit Lastwagen nach Nordkorea bringen (S. 86).

18. Die Niederlausitzer Sorbengemeinde Horno muß dem Braunkohlentagebau weichen. Die geplante Abbaggerung des Ortes verstoße nicht gegen die brandenburgische Landesverfassung, entscheidet das Verfassungsgericht in Potsdam.

20. Die Parlamentswahlen in Tschechien enden mit einem Erfolg für die Sozialdemokraten (CSSD), die 32,3% der Stimmen und 74 Mandate erhalten. Präsident Václav Havel beauftragt CSSD-Chef Milos Zeman mit der Regierungsbildung.

21. Mit einer Trauerfeier in Celle nimmt Deutschland Abschied von den Opfern des Zugunglücks bei Eschede (S. 83/84). – Südkoreanische Fischer entdecken vor der Ostküste ein U-Boot aus Nordkorea (S. 86). – Nach dem Fußball-WM-Spiel Deutschland gegen Jugoslawien in Lens kommt es zu schweren Ausschreitungen von deutschen Hooligans (S. 88). – Der ostdeutsche Liedermacher Gerhard Gundermann (Archivfoto aus dem Jahr 1993) stirbt im Alter von 43 Jahren in seinem Heimatort im brandenburgischen Spreewald. Der auch als „singender Baggerfahrer" bekanntgewordene Gundermann war in der FDJ-Singbewegung groß geworden. Nach der Wende durchlebte er zunächst eine Schaffenskrise, konnte aber mit seiner Gruppe „Gundermann und Seilschaft" bald wieder ein großes Publikum in Ostdeutschland für sich gewinnen.

22. In der Schweiz als erstem europäischen Land wird die Potenzpille „Viagra" zugelassen (S. 126).

23. In Großbritannien sollen einvernehmliche sexuelle Handlungen unter Männern, die mindestens 16 Jahre alt sind, künftig straffrei sein. Die bisherige Altersgrenze lag bei 18 Jahren. Damit werden die gesetzlichen Vorschriften für Homosexuelle denjenigen für Heterosexuelle angeglichen.

24. Der US-Telefonkonzern AT & T Corporation kauft den größten amerikanischen Kabelfernsehanbieter TCI zu einem Preis von 48 Milliarden US-Dollar.

25. US-Präsident Bill Clinton startet einen neuntägigen Staatsbesuch in China (S. 87). – In Nordirland finden Wahlen zum neuen, im Friedensabkommen (S. 68) beschlossenen Regionalparlament statt. Die radikale Protestantenpartei DUP von Pastor Ian Paisley, die das Abkommen ablehnt, erhält 20, die der Untergrundorganisation IRA nahestehende Sinn-Fein-Partei 18 Sitze. Alle anderen der 108 Mandate gehen an gemäßigte Parteien. – Wenige Tage nach seiner Rückkehr aus dem französischen Exil wird der algerische Sänger Lounes Matoub südlich der Stadt Tizi Ouzou ermordet. Die Tat wird islamischen Fundamentalisten zugeschrieben.

CHRONIK 1998

JULI 1998

1. Das Kindschaftsreformgesetz tritt in Kraft. Es ermöglicht unverheirateten oder geschiedenen Eltern ein gemeinsames Sorgerecht für ihre Kinder. – Am 37. Geburtstag der tödlich verunglückten britischen Prinzessin Diana eröffnet ihr Bruder Charles Graf Spencer auf dem Familiengut Althorp ein Diana-Museum (Foto).
2. In Hongkong wird der neue internationale Flughafen Chek Lap Kok eröffnet, der auf einer 21 Quadratkilometer großen künstlichen Insel im Meer liegt und über das modernste Abfertigungssystem der Welt verfügt.
3. Der Verkauf von Rolls-Royce (Foto des neuen Modells „Silver Seraph") an Volkswagen ist perfekt. Der Wolfsburger Automobilkonzern zahlt eine Summe von umgerechnet 1,44 Milliarden DM. Bereits am 28. Juli verzichtet VW zugunsten von BMW auf die Namensrechte für die britische Nobelmarke, woraufhin BMW seine Kündigung der Lieferung von Motoren an Rolls-Royce zurückzieht. VW will sich statt dessen auf die Entwicklung der Schwestermarke Bentley konzentrieren.
4. Durch eine 0:3-Niederlage gegen Kroatien im Viertelfinale scheidet die deutsche Mannschaft aus dem Fußball-WM-Turnier aus (S. 90).
5. Die Wimbledon-Sieger 1998 heißen Jana Novotna und Pete Sampras (Foto vom Champions-Ball). Die Tschechin besiegt im Finale Nathalie Tauziat aus Frankreich 6:4 und 7:6, der Amerikaner holt mit einem 6:7, 7:6, 6:4, 3:6 und 6:2 über Goran Ivanisevic zum fünften Mal den Titel.
6. Eine internationale Beobachtergruppe nimmt in der jugoslawischen Krisenprovinz Kosovo die Arbeit auf (S. 94). – Sieben Wochen nach einem spektakulären Kunstraub in Rom stellt die italienische Polizei die drei gestohlenen Gemälde von Paul Cézanne und Vincent van Gogh unversehrt sicher. Acht Personen werden festgenommen, darunter zwei Wächterinnen des Museums.
7. Nigerias prominentester politischer Häftling, Chief Moshood Abiola, stirbt wenige Tage vor seiner geplanten Freilassung im Alter von 60 Jahren. Angehörige verdächtigen die herrschende Militärjunta, den Regimegegner ermordet zu haben. In der Folge kommt es in Lagos und anderen Städten des Landes zu schweren Unruhen (Foto), bei denen etwa 60 Menschen getötet werden. Ein internationales Ärzteteam kommt am 11. Juli zu dem Ergebnis, daß der Tod Abiolas durch einen Herzinfarkt verursacht sei. – Rußland befördert erstmals von einem U-Boot aus mit einer ballistischen Rakete einen Satelliten ins All. Der in Deutschland gebaute Forschungssatellit Tubsat N wird von dem atomar angetriebenen U-Boot in der westlichen Barentsee gestartet.
8. Der amerikanische Milliardär und Kunstmäzen Paul Getty läßt bei einer Auktion des Hauses Christie's in London die 1477 erschienene Erstausgabe der „Canterbury Tales" von Geoffrey Chaucer für 4,6 Millionen Pfund ersteigern. So viel ist noch nie für ein einzelnes Buch gezahlt worden.
10. Der Bundesrat billigt das Änderungsgesetz des Asylbewerberleistungsgesetzes, das der Bundestag am 25. Juni mit den Stimmen von CDU/CSU, FDP und weiten Teilen der SPD gebilligt hatte. Danach sollen Sozialleistungen für Ausländer gekürzt werden, die Mißbrauch begehen, etwa indem sie nur der Leistungen wegen einreisen oder ihre Ausweispapiere vernichten, um eine Abschiebung zu verhindern.
12. Mit einem 3:0 im Endspiel gegen Brasilien im Stade de France von Saint-Denis bei Paris wird Frankreich Fußball-Weltmeister (S. 89). – Zur zehnten Love Parade kommende Hunderttausende Raver nach Berlin (S. 91). – Im Zusammenhang mit Protesten gegen das Verbot einer Parade des protestantischen Oranier-Ordens durch katholische Viertel des Ortes Portadown werden bei einem Brandanschlag in Ballymoney drei Kinder getötet.
14. Das Bundesverfassungsgericht in Karlsruhe gibt den Weg für die Einführung der neuen Rechtschreibung frei (S. 92). – Richard McDonald, der Mitgründer der weltgrößten Schnellrestaurant-Kette McDonald's, stirbt im Alter von 89 Jahren in Manchester (New Hampshire). Zusammen mit seinem Bruder Maurice hatte er 1948 sein erstes auf Fast Food und Hamburger ausgerichtetes Drive-In-Restaurant in San Bernadino (Kalifornien) eröffnet.
15. Angestoßen durch die Aktion einer belgischen Bürgerinitiative gegen Kindesmißbrauch hebt die niederländische Polizei eine Bande aus, die zur Herstellung von pornographischen Fotos Kleinkinder im Alter von ein und zwei Jahren vergewaltigt haben soll.
16. Vor dem Hintergrund der schweren Hungersnot im Südsudan einigen sich die Regierung und die Rebellenarmee SPLA nach 16 Jahren Bürgerkrieg auf eine Feuerpause, um humanitäre Hilfe für die Betroffenen zu ermöglichen.
17. Bei einem Grubenunglück im österreichischen Lassing sterben zehn Menschen (S. 92). – Genau 80 Jahre nach ihrer Ermordung durch die Bolschewiki werden der letzte russische Zar Nikolaus II. und seine Familienangehörigen in St. Petersburg beige-

CHRONIK 1998

7.7.

22.7.

7.7.

setzt (Foto). Der russische Präsident Boris Jelzin spricht zu Beginn der Trauerzeremonie von einem „historischen Tag für Rußland". – Durch bis zu zehn Meter hohe Flutwellen, die durch ein Seebeben verursacht sind, sterben auf Papua-Neuguinea mehr als 2000 Menschen.

18. In Rom wird die Schlußakte für die Gründung eines internationalen Strafgerichtshofs unterzeichnet (S. 93). – An seinem 80. Geburtstag heiratet der südafrikanische Staatspräsident Nelson Mandela die 52jährige Graça Machel (S. 93).

22. Hermann Prey (Archivfoto aus dem Jahr 1994) stirbt im Alter von 69 Jahren in seinem Haus im oberbayrischen Krailling an den Folgen eines Herzinfarktes. Der Sänger mit dem weichen, lyrischen Bariton und dem exzellenten Stilgefühl feierte über Jahrzehnte Erfolge auf den internationalen Opernbühnen und galt als einer der besten Liedinterpreten der Welt.

23. Der Teheraner Bürgermeister Gholam-Hussein Karbaschi, ein Anhänger des reformorientierten Präsidenten Mohammed Chatami, wird zu fünf Jahren Haft sowie 600 000 DM Geldstrafe verurteilt und für 20 Jahre von allen öffentlichen Ämtern ausgeschlossen. Das Gericht lastet Karbaschi Veruntreuung von öffentlichen Geldern und rücksichtslose Amtsführung an, der Angeklagte weist alle Vorwürfe zurück. In Teheran wird das Urteil als politisch motiviert und als Rückschlag für Chatami gewertet.

26. Sieger der Parlamentswahlen in Kambodscha sind der amtierende Präsident Hun Sen und seine ex-kommunistische Volkspartei. Die Opposition spricht von Wahlbetrug.

29. Der Oberste Gerichtshof Spaniens verurteilt den früheren Innenminister José Barrionuevo wegen illegaler Praktiken beim Kampf gegen die ETA zu zehn Jahren Haft.

30. Japans bisheriger Außenminister Keizo Obuchi (LDP) wird vom Parlament zum neuen Ministerpräsidenten gewählt. Sein Parteikollege Ryutaro Hashimoto war nach dem schlechten Abscheiden der LDP bei Oberhaus-Teilwahlen am 13. Juli zurückgetreten.

11.8.

12.8.

AUGUST 1998

1. In Deutschland, Österreich und der Schweiz tritt die Rechtschreibreform in Kraft. Die neuen Schreibweisen sind zunächst nur für Schulen und Behörden verbindlich. Mit der Reform reduziert sich die Zahl der Orthographie-Regeln von bisher 212 auf 112, statt der 52 bisherigen Kommaregeln gibt es nun nur noch neun. In der Übergangszeit bis zum 31. Juli 2005 gelten die alten Schreibweisen nicht als falsch, sondern nur als überholt. Die Reformer sehen in der Neuregelung eine Vereinfachung der Rechtschreibung, ihre Gegner halten sie teils für unnötig, teils für unlogisch und nicht nachvollziehbar.
2. Die bürgerkriegsähnlichen Kämpfe in der Demokratischen Republik Kongo flammen erneut auf (S. 96). – Sieger der 85. Tour de France ist der italienische Radsportler Marco Pantani vor Jan Ullrich (S. 100). – In Reutlingen (Baden-Württemberg) und Umgebung unterbricht ein Brand in einer Vermittlungsstelle rund 48 000 Telefonanschlüsse. Betroffen sind auch TV-Kabelanschlüsse und Geldautomaten. Es dauert bis zum 14. August, bis der Schaden vollständig behoben ist.
3. Der Bundesausschuß der Ärzte und Krankenkassen lehnt mit Blick auf das Wirtschaftlichkeitsgebot eine Aufnahme des Potenzmittels „Viagra" in den Kassenkatalog ab. – Der Filmschauspieler und Stuntman Armin Dahl stirbt im Alter von 76 Jahren in Wedel bei Hamburg. Bekannt wurde der „Klettermaxe" vor allem durch seine halsbrecherischen Szenen in rund 40 Filmen. – Der Komponist Alfred Schnittke stirbt 64jährig in Hamburg. Der Sohn einer Wolgadeutschen und eines nach Rußland emigrierten Frankfurter Juden lebte abwechselnd in der Hansestadt und in Moskau. Sein letztes großes Werk, die Oper „Historia von D. Johann Fausten", wurde 1995 in Hamburg uraufgeführt.
4. Im Berliner Stadtteil Steglitz stürzt ein vierstöckiges Wohnhaus nach einer Gasexplosion in sich zusammen. Sieben Menschen werden tot aus den Trümmern geborgen. Nach Ermittlungen des Landeskriminalamts ist die Explosion durch eine Manipulation an den Gasleitungen ausgelöst worden.
5. Der frühere kommunistische Staats- und Parteichef Bulgariens, Todor Schiwkow, stirbt im Alter von 86 Jahren in Sofia. Schiwkow stand mehr als 30 Jahre an der Spitze Bulgariens.
7. Vor den US-Botschaften in Nairobi (Kenia) und Daressalam (Tansania) explodieren zwei Autobomben. Insgesamt 259 Menschen fallen den Anschlägen zum Opfer (S. 97).
8. Vier Jahre nach dem Beginn ihres Eroberungszuges in Afghanistan nehmen die radikal-islamistischen Taliban-Milizen die Großstadt Mazar-e Sharif ein, die letzte Hochburg der gegnerischen Nordallianz. Dabei töten die Taliban, wie später bekannt wird, auch mehrere iranische Diplomaten (S. 109).
10. Der Bundesgerichtshof spricht den ehemaligen DDR-Unterhändler Wolfgang Vogel vom Vorwurf der Erpressung Ausreisewilliger frei und hebt eine Verurteilung durch das Landgericht Berlin auf. Es bleibt aber bei der Verurteilung Vogels wegen Meineides zu 14 Monaten auf Bewährung.
11. In der weltweit größten Fusion zweier Industriekonzerne übernimmt British Petroleum (BP, London) für 48 Milliarden Dollar die Amoco Corporation (Chicago). An dem transatlantischen Superkonzern halten die BP-Aktionäre 60% und die Amoco-Eigner 40%. Foto von links: Sir John Brown (BP), Laurance Fuller (Amoco) und Peter Sutherland (BP) machen den Deal perfekt.
12. Unter dem Druck bevorstehender Sanktionen der US-Wirtschaft erklären sich Schweizer Banken bereit, Holocaust-Opfern und ihren Nachkommen eine Vergleichssumme von 1,25 Milliarden Dollar zu zahlen. Die als Kläger auftretenden jüdischen Organisationen (Foto von links: Israel Singer, Generalsekretär des jüdischen Weltkongresses, und Avraham Burg, Vorsitzender der Jewish Agency) werfen den Schweizer Banken vor, nach dem Zweiten Weltkrieg ihr Vermögen von sog. nachrichtenlosen Konten unrechtmäßig einbehalten zu haben. – Nach überhöhten Ozonwerten in der Luft werden in Hessen, Rheinland-Pfalz, Baden-Württemberg und dem Saarland erstmals eintägige Fahrverbote wegen Sommersmog verhängt. Ein verringertes Verkehrsaufkommen ist wegen der zahlreichen Ausnahmeregelungen nicht zu beobachten.
13. Zur Erinnerung an die Teilung Deutschlands und die Opfer an den innerdeutschen Grenzen wird am 37. Jahrestag des Mauerbaus die Gedenkstätte Berliner Mauer an der Bernauer Straße eingeweiht (Foto). Bei der 2,3 Millionen DM teuren Anlage sind 70 Meter der alten Mauer von sieben Meter hohen Stahlwänden eingerahmt. Bis zur Öffnung der Mauer im November 1989 starben an den innerdeutschen Grenzen 916 Flüchtlinge aus der damaligen DDR, davon 255 in Berlin. – Julien Green (Archivfoto aus dem Jahr 1991) ist tot. Der in französischer Sprache schreibende US-amerikanische Autor, der in seinen psychologisch dichten Romanen (u. a. „Adrienne Mesurat", 1927; „Leviathan", 1929) die Lebensangst und Halt-

CHRONIK 1998

13.8.

13.8.

15.8.

losigkeit des modernen Menschen thematisierte, stirbt wenige Wochen vor Vollendung des 98. Lebensjahrs in Paris. Einzigartig in der Literaturgeschichte ist das Tagebuch, das er seit 1919 führte und in 17 Bänden veröffentlichte.

14. Der TV-Entertainer und Schauspieler Hans-Joachim Kulenkampff stirbt 77jährig in seinem Haus bei Salzburg (S. 100).

15. Bei einem Bombenanschlag in Omagh (Nordirland) werden 29 Menschen getötet (S. 96). – Eine Mure aus 10 000 Kubikmetern Erd- und Gesteinsmassen begräbt auf der Brennerautobahn bei Fortezza (Südtirol) zwei Autos unter sich; fünf deutsche Urlauber kommen ums Leben (Foto von den Aufräumarbeiten).

16. Die Generalstaatsanwaltschaft Berlin teilt mit, daß das Verfahren gegen Ex-Stasi-Chef Erich Mielke wegen der Toten an der innerdeutschen Grenze eingestellt worden ist, da der 90jährige Angeklagte dauerhaft verhandlungsunfähig sei.

17. US-Präsident Bill Clinton muß in der Affäre um die ehemalige Praktikantin im Weißen Haus, Monica Lewinsky, unter Eid vor der Grand Jury aussagen. Im Mittelpunkt der Untersuchungen von Sonderermittler Kenneth Starr steht die Frage, ob Clinton mit dem Leugnen einer sexuellen Beziehung zu Lewinsky selbst einen Meineid geleistet, andere dazu bewegt oder die Justiz behindert habe. In einer anschließenden Fernsehansprache bezeichnet Clinton sein Verhältnis zu Lewinsky als „unangebracht" (S. 107). – Die russische Regierung macht angesichts der schweren Finanzkrise und des Drucks auf die Landeswährung den Weg für eine begrenzte Abwertung des Rubels frei (S. 106). – Der US-Amerikaner Steve Fossett scheitert bei seinem vierten Versuch, die Welt nonstop im Ballon zu umrunden. Zehn Tage nach dem Start stürzt er bei einem Unwetter östlich von Australien in den Pazifik, kann aber unverletzt geborgen werden.

19. Das italienische Unternehmen Generali, vor dem Zweiten Weltkrieg der größte europäische Versicherungskonzern, erklärt sich bereit, an Überlebende des Holocaust insgesamt 100 Millionen Dollar als Entschädigung für nicht ausgezahlte Lebens- und Rentenversicherungen zu leisten.

20. Die USA führen Militärschläge gegen eine angebliche Giftgas-Fabrik im Sudan und gegen Terrorlager in Afghanistan durch (S. 97). – Erstmals spricht ein deutsches Gericht Verantwortliche des DDR-Sports wegen Dopings von Minderjährigen schuldig. Gegen zwei frühere Ärzte und einen Trainer des TSC Berlin werden Geldstrafen zwischen 7000 und 27 000 DM verhängt, gegen zwei weitere Trainer ist das Verfahren wegen geringer Schuld gegen Zahlung einer Geldbuße eingestellt worden. Alle Angeklagten waren geständig.

21. Der frühere südafrikanische Präsident Pieter Willem Botha wird wegen Mißachtung der Wahrheitskommission zu einer Geldstrafe von 3000 DM verurteilt. Botha hatte sich 1997 geweigert, einer Vorladung der Kommission Folge zu leisten.

23. Zum Abschluß der Leichtathletik-Europameisterschaften in Budapest zieht der Deutsche Leichtathletik-Verband eine positive Bilanz (S. 99). – Der russische Präsident Boris Jelzin entläßt die Regierung von Ministerpräsident Sergei Kirijenko und ernennt seinen Vorgänger Viktor Tschernomyrdin zum neuen geschäftsführenden Regierungschef. In zwei Wahlgängen erhält Tschernomyrdin jedoch nicht die Zustimmung der Duma, so daß Jelzin im dritten Wahlgang den bisherigen Außenminister Jewgeni Primakow als neuen Kandidaten für das Ministerpräsidentenamt präsentiert (S.106).

25. Wegen der Vergiftung von Marmeladengläsern verurteilt das Landgericht Lübeck den „Schwartau-Erpresser", einen Bauunternehmer aus Ingolstadt, zu fünf Jahren Haft (S.27). – Bei einem Bombenanschlag in Kapstadt (Südafrika) auf eine Filiale der amerikanischen Restaurantkette „Planet Hollywood" werden zwei Männer getötet. Zu dem Anschlag bekennt sich eine Gruppe „Muslime gegen globale Unterdrückung".

26. Die chinesische Regierung gibt die Zahl der Todesopfer durch die Hochwasserkatastrophe mit 3004 an (S. 95).

28. Japans größter Automobilkonzern Toyota will die Mehrheit an dem Konkurrenten Daihatsu übernehmen. Wie Toyota Motors in Tokio mitteilt, sei eine Aufstockung der Beteiligung von 34,5% auf 51,2% vorgesehen.

29. Bei einem mißglückten Start vom Flughafen der ecuadorianischen Hauptstadt Quito gerät eine Tupolew 154 der kubanischen Fluggesellschaft Cubana in Brand und stürzt in ein Stadtgebiet. Mindestens 90 Menschen kommen ums Leben.

30. Der neue Südwestrundfunk (SWR), der durch eine Fusion des Südwestfunks und des Süddeutschen Rundfunks entstanden ist, geht um Mitternacht auf Sendung. Die neue, zweitgrößte ARD-Anstalt strahlt sechs Hörfunk- sowie die beiden Fernsehprogramme Südwest Baden-Württemberg und Südwest Rheinland-Pfalz aus.

CHRONIK 1998

5.9.

SEPTEMBER 1998

2. In Brüssel beginnt der größte Bestechungsprozeß in der Geschichte Belgiens. Angeklagt sind zwölf ehemalige Minister und Parteifunktionäre der Sozialisten sowie Rüstungsmanager, die im Zusammenhang mit Regierungsaufträgen an die Unternehmen Dassault (Frankreich) und Augusta (Italien) Bestechungsgelder gezahlt bzw. entgegengenommen haben sollen.
3. Beim Absturz einer Swiss-Air-Maschine vor der kanadischen Küste sterben alle 229 Personen an Bord (S. 108).
4. Das UNO-Kriegsverbrechertribunal im tansanischen Arusha verurteilt den ehemaligen Regierungschef von Ruanda, Jean Kambanda, zu lebenslanger Haft. Kambanda wird der Beteiligung am Völkermord in seinem Land im Jahr 1994 für schuldig befunden.
5. Der japanische Filmregisseur Akira Kurosawa (Foto) stirbt im Alter von 88 Jahren in Tokio. Zu seinen bekanntesten Werken gehören „Rashomon", „Die sieben Samurai" und „Ran".
7. Nach massiver Kritik tritt Berti Vogts von seinem Amt als Bundestrainer der deutschen Fußball-Nationalmannschaft zurück (S. 105). – Das Großmanöver des Iran an der Grenze zu Afghanistan geht zu Ende, ohne daß es zu Kampfhandlungen mit den afghanischen Taliban-Milizen gekommen ist (S. 109).
8. Die für den Bombenanschlag von Omagh (S. 96) verantwortliche nordirische Untergrundorganisation Real IRA verkündet einen vollständigen Waffenstillstand. – Das im Zusammenhang mit der Kosovo-Affäre von der EU verhängte Start- und Landeverbot für Flugzeuge aus Jugoslawien tritt in Kraft, wird jedoch von Athen und London nicht eingehalten.
9. Der Schwertwal Keiko, der vor 19 Jahren im Nordatlantik gefangen wurde und als „Willy" beim Film Karriere machte, wird in einem Meeresgehege vor Island ausgesetzt (Foto). Er soll dort auf ein Leben in völliger Freiheit vorbereitet werden.
10. Bundespräsident Roman Herzog verleiht dem Hollywood-Starregisseur Steven Spielberg („Schindlers Liste") wegen seiner Verdienste um das Ho-

10.9.

9.9.

20.9.

30.9.

locaust-Gedenken das Bundesverdienstkreuz, den höchsten deutschen Orden (Foto).
11. Der bisherige russische Außenminister Jewgeni Primakow wird auf Vorschlag von Präsident Boris Jelzin von der Duma zum Ministerpräsidenten gewählt (S. 106).
13. Bei den Landtagswahlen in Bayern kann die CSU ihre absolute Mehrheit ausbauen (S. 104).
15. Die österreichische Bergbehörde bestätigt die Existenz eines illegalen Stollens in Lassing, wo im Juli bei einem Grubenunglück zehn Bergleute starben (S. 92). – Die EU-Kommission erteilt der Potenzpille „Viagra" die Zulassung. In Deutschland ist sie ab 1. Oktober in den Apotheken gegen Rezept erhältlich.
17. Die baskische Untergrundorganisation ETA verkündet einen „unbegrenzten Waffenstillstand", der von der Regierung in Madrid allerdings mit Skepsis aufgenommen wird.
18. Die Aktionäre von Daimler und Chrysler stimmen der geplanten Fusion der Autokonzerne mit großer Mehrheit zu (S. 78). – Der SED-Chefideologe Kurt Hager stirbt im Alter von 86 Jahren. Er gehörte 1963 bis 1989 dem Politbüro der Staatspartei der DDR an.
20. Trotz Verlusten von 8,7 Prozentpunkten für seine Sozialdemokratische Partei will Göran Persson (Foto) schwedischer Ministerpräsident bleiben. Seine Minderheitsregierung ist künftig auf die Unterstützung der ehemals kommunistischen Linkspartei angewiesen.
21. Mehrere amerikanische Fernsehsender strahlen in voller Länge das Video mit der Aussage von Präsident Bill Clinton vor der Grand Jury über seine Affäre mit Monica Lewinsky aus (S. 107). – Im Alter von 39 Jahren stirbt die amerikanische Ausnahme-Leichtathletin Florence Griffith-Joyner an den Folgen eines Schlaganfalls (S. 110).
23. Der UN-Sicherheitsrat in New York verabschiedet eine Resolution, in der eine sofortige Waffenruhe in der südserbischen Krisenprovinz Kosovo gefordert wird, erteilt aber nicht das Mandat zum militärischen Eingreifen. – Nach der Volkswagen AG erklärt sich auch der Siemens-Konzern dazu bereit, einen Entschädigungsfonds für ehemalige NS-Zwangsarbeiter einzurichten.
24. Die iranische Regierung distanziert sich von dem Mordaufruf, den der damalige religiöse Führer des Iran, Ayatollah Khomeini, 1989 gegen den anglo-indischen Schriftsteller Salman Rushdie wegen angeblicher Gotteslästerung verhängt hatte (S. 109).
25. Der Hurrikan „Georges", der in der Karibik schwere Verwüstungen angerichtet hat, erreicht die Inselkette der Keys vor Florida (S. 108).
27. Aus den Bundestagswahlen geht die von Gerhard Schröder als Kanzlerkandidat angeführte SPD als Sieger hervor (S. 101-103). – Die Landtagswahlen in Mecklenburg-Vorpommern gewinnt die SPD (S. 104). – Bei den Kommunalwahlen in Brandenburg behauptet die SPD ihre Position als stärkste Partei. Mit 63,5% wählen die Potsdamer den Landes-Umweltminister Matthias Platzeck (SPD) zum Bürgermeister. – Bei einem Volksentscheid sprechen sich die Bürger Schleswig-Holsteins mit 56,4% für die Beibehaltung der alten Rechtschreibung aus, obwohl im übrigen Bundesgebiet zum 1. August die Rechtschreibreform in Kraft getreten ist. – Bei den Parlamentswahlen in der Slowakei erleidet die Bewegung für eine Demokratische Slowakei (HZDS) von Premierminister Vladimir Meciar schwere Verluste. Meciar erklärt daraufhin seinen Rückzug aus der Politik. – Mit einem Sieg im Großen Preis von Luxemburg auf dem Nürburgring setzt sich Mika Häkkinen auf McLaren-Mercedes wieder an die Spitze der Formel-1-Wertung (S. 110).
28. Neuer Ministerpräsident von Albanien ist der 30jährige Pandeli Majko von der Sozialistischen Partei. Sein Parteikollege Fatos Nano hatte seinen Rücktritt erklärt, nachdem es zu schweren Unruhen gekommen war. Auslöser der von Ex-Präsident Sali Berisha gesteuerten blutigen Proteste war die Ermordung eines Oppositionspolitikers am 13. September, für den Berisha die Sozialisten verantwortlich machte.
30. Der israelische Ministerpräsident Benjamin Netanjahu und Palästinenserpräsident Jasir Arafat kommen in Washington mit US-Präsident Bill Clinton (Foto) zusammen, um Wege auszuloten, wie der ins Stocken geratene Friedensprozeß im Nahen Osten wieder in Gang gebracht werden könnte. – Der designierte Bundeskanzler Gerhard Schröder (SPD) trifft im Rahmen seiner ersten Auslandsreise nach der Bundestagswahl in Paris mit dem französischen Staatspräsidenten Jacques Chirac und Premier Lionel Jospin zusammen. – Nach heftiger parteiinterner Kritik kündigt CDU-Generalsekretär Peter Hintze seinen Rücktritt an. – Das alte CDU/FDP-Bundeskabinett beschließt, für einen möglichen Militäreinsatz der NATO im Kosovo 14 Tornado-Kampfflugzeuge bereitzustellen.

CHRONIK 1998

4.10.

OKTOBER 1998

2. Der Deutsche Aktienindex (DAX) fällt unter die 4000-Punkte-Grenze (S. 116). – Auf dem Areal des Potsdamer Platzes in Berlin wird die Daimler-City eröffnet (S. 112).
4. Mit 56% der Stimmen wird Fernando Henrique Cardoso (Foto) als brasilianischer Präsident wiedergewählt.
6. Präsidium und Vorstand der CDU beschließen, dem für den 7. November geplanten Parteitag Wolfgang Schäuble als neuen Parteivorsitzenden vorzuschlagen. Helmut Kohl soll CDU-Ehrenvorsitzender werden.
8. Das Nobelkomitee in Stockholm gibt bekannt, daß der portugiesische Schriftsteller José Saramago (Foto) den Literaturnobelpreis 1998 erhalten wird. Saramago schrieb sprachlich subtile, vielschichtige Romane, in denen er sich aus der Perspektive „von unten" mit Geschichte und Gegenwart seines Heimatlandes auseinandersetzt, darunter „Hoffnung im Alentejo" (1980), „Das Memorial" (1982) und „Geschichte der Belagerung von Lissabon" (1989). – Bei den Weltreiterspielen in Rom gewinnt die deutsche Equipe mit Franke Sloothaak (links), Lars Nieberg (Mitte), Ludger Beerbaum (rechts) und Markus Beerbaum Mannschaftsgold. Foto: Dona Pilar, Schwester des spanischen Königs Juan Carlos, gratuliert.
9. Der designierte Bundeskanzler Gerhard Schröder und sein Außenminister Joschka Fischer treffen zu Gesprächen mit der US-Regierung in Washington ein. – Mit 258 gegen 176 Stimmen spricht sich das US-Repräsentantenhaus im Zusammenhang mit der Lewinsky-Affäre für eine parlamentarische Untersuchung zu einem Amtsenthebungsverfahren gegen US-Präsident Bill Clinton aus.
10. Die deutsche Fußball-Nationalmannschaft verliert in Bursa das erste Qualifikationsspiel zur Fußball-Europameisterschaft gegen die Türkei 0:1.
12. Dem Schriftsteller Martin Walser wird in der Frankfurter Paulskirche der Friedenspreis des Deutschen Buchhandels verliehen (S. 116). – 93jährig stirbt in Berlin der Schauspieler Bernhard Minetti (S. 116). – Nach parteiinternen Auseinandersetzungen erklärt sich der SPD-

8.10.

27.10.

8.10.

16.10.

21.10.

Fraktionschef Rudolf Scharping zum Verzicht auf den Posten und zur Übernahme des Verteidigungsministeriums bereit.
13. Der jugoslawische Präsident Slobodan Milosevic lenkt nach zähen Verhandlungen mit US-Vermittler Richard Holbrooke im Kosovo-Konflikt ein. Er erklärt sich u.a. mit der Stationierung einer OSZE-Überwachungstruppe in der Krisenregion und dem Abzug der jugoslawischen Sondereinheiten einverstanden. Die angedrohten NATO-Luftangriffe auf Ziele in Serbien werden daraufhin vorerst ausgesetzt. – Unter den Nobelpreisträgern 1998 ist mit dem Physiker Horst Störmer auch ein Deutscher.
16. Für ihre Verdienste um den Friedensprozeß in Nordirland erhalten der Protestant David Trimble (Foto, links) und der Katholik John Hume (rechts) den Friedensnobelpreis.
17. Während eines Krankenhausaufenthalts in London wird Chiles Ex-Diktator Augusto Pinochet festgenommen (S. 115).
19. SPD und Bündnisgrüne einigen sich auf die Zusammensetzung des Kabinetts: Oskar Lafontaine (SPD, Finanzen), Joschka Fischer (Bündnisgrüne, Äußeres, Vizekanzler), Otto Schily (SPD, Inneres), Bodo Hombach (SPD, Kanzleramt), Herta Däubler-Gmelin (SPD, Justiz), Rudolf Scharping (SPD, Verteidigung), Walter Riester (SPD, Arbeit und Soziales), Werner Müller (parteilos, Wirtschaft), Franz Müntefering (SPD, Bau und Verkehr), Jürgen Trittin (Bündnisgrüne, Umwelt), Heidemarie Wieczorek-Zeul (SPD, Entwicklungshilfe), Edelgard Bulmahn (SPD, Bildung), Christine Bergmann (SPD, Familie), Andrea Fischer (Bündnisgrüne, Gesundheit). Karl-Heinz Funke (SPD, Landwirtschaft); Michael Naumann (SPD) wird Staatsminister für Kultur.
20. Die Verhandlungsführer der Bündnisgrünen und der Sozialdemokraten unterzeichnen in Bonn den Koalitionsvertrag für eine rot-grüne Bundesregierung (S. 111). – Die SPD-Bundestagsfraktion wählt Peter Struck zu ihrem neuen Chef.
21. Die französische Regierung sichert nach Schülerprotesten zu, eine Milliarde Mark zusätzlich im Bildungsbereich zur Verfügung zu stellen (S. 114). – Massimo D'Alema (Foto, rechts, mit Staatspräsident Oscar Luigi Scalfaro) wird neuer italienischer Ministerpräsident. Erstmals seit 50 Jahren gehören seinem Mitte-Links-Kabinett auch zwei Kommunisten an. Sein Vorgänger Romano Prodi war nach dem Verlust einer Vertrauensabstimmung im Parlament am 4. Oktober zurückgetreten.
22. Der CDU-Vorstand nominiert die ostdeutsche Politikerin und scheidende Umweltministerin Angela Merkel zur Generalsekretärin. Sie folgt Peter Hintze nach. – Der britische Kriminalautor Eric Ambler stirbt 89jährig in London.
23. In Washington wird von Israel und den Palästinensern ein Zwischenabkommen über die Fortsetzung des Friedensprozesses unterzeichnet (S. 114).
24. An den Feiern zum 350. Jahrestag des Westfälischen Friedens in Münster und Osnabrück nehmen 20 europäische Staatsoberhäupter teil (S. 115) – Die Bündnisgrünen billigen auf ihrem Parteitag in Bonn den Koalitionsvertrag mit der SPD (S. 111).
25. Mit großer Mehrheit sprechen sich die Delegierten auf dem SPD-Parteitag in Bonn für den rot-grünen Koalitionsvertrag aus (S. 111).
26. Der 7. Deutsche Bundestag tritt zu seiner konstituierenden Sitzung zusammen und wählt sein Präsidium. Parlamentspräsident wird – als erster Ostdeutscher – Wolfgang Thierse (SPD), seine Stellvertreter sind Anke Fuchs (SPD), Antje Vollmer (Bündnisgrüne), Rudolf Seiters (CDU), Hermann Otto Solms (FDP) und Petra Bläss (PDS).
27. Der Bundestag wählt Gerhard Schröder (SPD) zum neuen Kanzler der Bundesrepublik Deutschland (S. 113). – SPD und PDS in Mecklenburg-Vorpommern einigen sich auf die Bildung einer gemeinsamen Landesregierung. – Das Bundesverfassungsgericht in Karlsruhe erklärt die bayerischen Sonderregelungen zum Abtreibungsrecht in wesentlichen Teilen für mit dem Grundgesetz nicht vereinbar (Foto von der Urteilsverkündung mit den Karlsruher Richtern Renate Jäger, Hans-Jürgen Papier und Dieter Grimm). – Als Nachfolger von Gerhard Schröder wird der bisherige Landesinnenminister Gerhard Glogowski (SPD) zum niedersächsischen Ministerpräsidenten gewählt.
28. Das Hohe Gericht in London erklärt die Festnahme von Augusto Pinochet für illegal (S. 115). – Angesichts der gesundheitlichen Schwäche des russischen Staatspräsidenten Boris Jelzin wird der Regierung von Jewgeni Primakow die volle Verantwortung für die Wirtschaft übertragen.
29. Bei einem Diskothekenbrand im schwedischen Göteborg sterben über 60 Jugendliche.
31. Auf Sonderparteitagen billigen SPD und PDS in Mecklenburg-Vorpommern den Koalitionsvertrag zur Bildung einer gemeinsamen Landesregierung. – In der Nacht zum 1. November gewinnt Mika Häkkinen den Großen Preis von Japan und ist damit Formel-1-Weltmeister.

PERSONENREGISTER

Abacha, Sani 132
Abiola, Chief Moshood 134
Abubakar, Abdulsalam 132
Adamkus, Valdas 122
Ahern, Bertie 68
Almsick, Franziska van 40
Amanpour, Christiane 122
Ambler, Eric 141
Améry, Jean 119
Andrew, britischer Prinz 22
Angelopoulos, Theo 131
Angelova, Milena 74
Annan, Kofi 52, 93, 119
Apel, Katrin 48
Arafat, Jassir 114, 139
Asis, Tarik 52
Aury, Dominique 129

Babbel, Markus 81
Bahro, Rudolf 129
Barrionuevo, José 135
Barschel, Uwe 132
Barthez, Fabien 90
Basler, Mario 81
Baumann, Dieter 99
Becker, Boris 80
Beerbaum, Ludger 140
Beerbaum, Markus 140
Behle, Petra 48
Bereschnaja, Elena 48
Bergmann, Christine 141
Berisha, Sali 139
Berlusconi, Silvio 120
Bernhard, Thomas 116
Bisky, Lothar 128
Blair, Tony 68
Bläss, Petra 141
Blatter, Joseph 132
Bohl, Friedrich 129
Bondy, François 119
Bono, Sonny 122
Botha, Pieter Willem 137
Bötsch, Wolfgang 121
Brecht, Bertolt 56, 124
Breuer, Grit 99
Brown, Sir John 136
Bubis, Ignatz 116
Bulmahn, Edelgard 141
Burg, Avraham 136
Buschbaum, Yvonne 99
Buzek, Jerzy 124

Cameron, James 57, 127
Cardoso, Fernando Henrique 140
Carreras, José 32
Casaroli, Agostino 132
Castro, Fidel 38
Cattaneo, Peter 32
Celibidache, Sergiu 24
Cézanne, Paul 134
Charles, Prince of Wales 22
Charrasi, Kamal 109
Chatami, Mohammed 122, 135
Chaucer, Geoffrey 134
Chirac, Jacques 139
Chung Ju Yung 86, 133
Clement, Wolfgang 35, 79, 131, 132
Clinton, Bill 20, 68, 79, 83, 87, 97, 101, 107, 114, 122, 123, 124, 127, 130, 133, 137, 139, 140
Clinton, Chelsea 87
Clinton, Hillary 87
Colpet, Max 122

D'Alema, Massimo 141
Dabrock-Langenkamp, Christoph 64

Dahl, Armin 136
Dählie, Björn 45
Dalai Lama 132
Dalí, Salvador 39, 123
Damaske, Tanja 99
Dana International 82
Däubler-Gmelin, Herta 141
Delaunay, Robert 17
Deneuve, Cathérine 56, 125
Desailly, Marcel 89
Deschamps, Didier 89
Diana, Princess of Wales 31, 134
DiCaprio, Leonardo 57
Dietrich, Marlene 122
Dietsch, Franka 99
Dimitriew, Artur 48
Disl, Uschi 48
Djorkaeff, Youri 89
Drach, Thomas 127
Drechsler, Heike 99
Duisenberg, Wim 75, 118
Durbridge, Francis 128
Dutroux, Marc 70, 129

Edward, britischer Prinz 22
Elisabeth II., Königin von Großbritannien und Nordirland 22, 119
Engelhardt, Klaus 118
Erbakan, Necmettin 123
Erhard, Ludwig 130
Erignac, Claude 124
Ertl, Martina 47, 127
Estermann, Alois 130
Estrada, Joseph 130

Falco 124
Feller, Anke 99
Fischer, Andrea 141
Fischer, August 122
Fischer, Joschka 58, 102, 111, 129, 140, 141
Fossett, Steve 137
Foster, Sir Norman 112
Friesinger, Anni 47
Fuchs, Anke 141
Fuchs, Willem 119
Fuller, Laurance 136
Funaki, Kazuyoshi 41, 122
Funke, Karl-Heinz 141

Gates, Bill 123
Gerardi y Conedera, Juan 129
Gerg, Hilde 47, 127
Getty, Paul 134
Geyer, Klaus 128
Glogowski, Gerhard 141
Gogh, Vincent van 134
Graf, Peter 129
Graf, Stefanie 129
Green, Julien 136
Griffith-Joyner, Florence 110, 139
Grimm, Dieter 141
Groer, Hans Hermann 128
Gundermann, Gerhard 133
Gysi, Gregor 128

Haas, Tommy 80
Habibie, Bacharuddin J. 130
Hackl, Georg 47
Hagens, Gunther von 39
Hager, Kurt 139
Hainzl, Georg 92
Häkkinen, Mika 110, 139, 141
Halvorsen, Gail 79
Harry, britischer Prinz 22
Hashimoto, Ryutaro 135
Hass, Karl 126

Havel, Václav 120, 123, 133
Havelange, Joao 132
Heinrich, Jörg 90
Herzog, Christiane 127
Herzog, Roman 84, 116, 118, 121, 127, 138
Hingis, Martina 42, 123
Hintze, Peter 139
Hofer, Helmut 123
Höfer, Werner 119
Höhn, Bärbel 35
Holbrooke, Richard 141
Hombach, Bodo 141
Höppner, Reinhard 65, 131
Horn, Guildo 82, 130
Horn, Gyula 131
Humbert-Rieger, Nicole 99
Hume, John 141
Hun Sen 135
Hussein II., König von Jordanien 114
Hussein, Saddam 51, 52
Hutchence, Michael 119

Ivanisevic, Goran 134

Jacquet, Aimé 89
Jäger, Renate 141
Jancker, Carsten 81
Jari, Robert 90
Jelzin, Boris 21, 106, 129, 135, 137, 139, 141
Jiang Zemin 20, 21, 118
Johannes Paul II., Papst 34, 38, 123, 132
Johansson, Lennart 132
Jospin, Lionel 139
Juan Carlos, König von Spanien 140
Jünger, Ernst 124
Jussef, Ramsi Ahmed 122

Kabbah, Ahmed Tejan 124
Kabila, Laurent 96
Kallabis, Damian 99
Kambanda, Jean 138
Karamanlis, Konstantin 129
Karbaschi, Gholam-Hussein 135
Karembeu, Christian 89
Kaszynski, Theodore 123
Kazakow, Oksana 48
Kelly Familiy 32
Khomeini, Ruhollah 109, 139
Kiefer, Nicolas 80
Kirijenko, Sergei 106, 129, 137
Kirsten, Ulf 88
Klaus, Václav 120
Klestil, Thomas 69, 128
Klett, Ernst 123
Klim, Michael 40
Klinsmann, Jürgen 88
Knoll, Gertraud 69
Kock, Manfred 118
Kohl, Helmut 79, 101, 102, 121, 124
Kohler, Jürgen 90
Kok, Wim 130
Korda, Petr 42, 123
Koroma, Johnny Paul 124
Kulenkampff, Hans-Joachim 100, 137
Kurosawa, Akira 138
Kurtze, Gerhard 116
Kwan, Michelle 48

Laden, Osama bin 97
Lafontaine, Oskar 58, 101, 111, 113, 120, 141
Laub, Gabriel 124

Laxness, Halldór 124
Lazutina, Larissa 43
Lehmann, Karl 34, 132
Lenz, Hermann 130
Levine, James 24, 119
Levy, David 122
Lewinsky, Monica 107, 123, 137, 139
Li Peng 127
Lipinski, Tamara 48
Lobinger, Tim 99
Lugner, Richard „Mörtel" 69
Lyotard, Jean-François 129

Machel, Graça 93, 135
Machel, Samora 93
Majakowski, Wladimir 60
Majko, Pandeli 139
Mandela, Nelson 93, 120, 135
Mandela, Winnie 120
Martinez, Conchita 42
Matoub, Lounes 133
Matthäus, Lothar 90
McCaughey, Kenneth 23
McDonald, Maurice 134
McDonald, Richard 134
Meciar, Vladimir 139
Meilleur, Marie Louise Febronie 128
Meissner, Katrin 40
Mende, Erich 130
Merkel, Angela 78, 131, 141
Mielke, Erich 137
Milosevic, Slobodan 120, 121
Milton, Brian 72, 129
Milutinovic, Milan 120
Minetti, Bernhard 116, 140
Mngomeni, John Sincedile 127
Monaghan, Avril 96
Monti, Matteo de 60
Müller, Kerstin 102
Müller, Werner 113, 141
Müntefering, Franz 79, 141

Nano, Fatos 139
Naumann, Michael 141
Nehm, Kay 123
Netanjahu, Benjamin 114, 122, 139
Niemann-Stirnemann, Gunda 47
Nikolaus II., russischer Zar 134
Novotna, Jana 134
Nozowa, Shohei 23

Obuchi, Keizo 135
Orbán, Viktor 131
Oswald, Eduard 119, 123
Osygus, Simone 40

Paisley, Ian 133
Pantani, Marco 100, 136
Papier, Hans-Jürgen 141
Papon, Maurice 128
Paulauskas, Aruras 122
Paz, Octavio 128
Pechstein, Claudia 47
Pedersen, Rune 90
Persson, Göran 139
Petit, Emmanuel 89
Peymann, Claus 116, 129
Philip, Herzog von Edinburgh 22, 119
Pilar, Dona 140
Pinochet, Augusto 115, 141
Platzeck, Matthias 139
Podlesny, Robert 60

Pol Pot 71, 128
Polanski, Roman 56
Porsche, Ferdinand 127
Prey, Hermann 135
Priebke, Erich 126
Primakow, Jewgeni 106, 137, 139, 141
Prinosil, David 80
Prodi, Romano 141

Ramos, Fidel 130
Rasmussen, Poul Nyrup 131
Rau, Johannes 65, 79, 129
Reemtsma, Jan Philipp 127
Rehhagel, Otto 81
Rezzori, Gregor von 129
Ribbeck, Erich 105
Richter, Jürgen 122
Riedel, Lars 99
Rieger, Silvia 99
Riester, Walter 141
Ringstorff, Harald 104
Rios, Marcelo 42
Roeder, Manfred 26, 120
Roenigh, Matthias 91
Rohländer, Uta 99
Ronaldo 90
Ronalds, Keith 72, 129
Runde, Ortwin 119
Rushdie, Salman 109, 139

Sager, Krista 119
Salles, Walter 125
Sampras, Pete 42, 134
Saotome, Shoji 23
Saramago, José 140
Scalfaro, Oscar Luigi 141
Schall, Johanna 56
Scharping, Rudolf 113, 141
Schäuble, Wolfgang 140
Schewardnadse, Eduard 124
Schily, Otto 141
Schiwkow, Todor 136
Schmidt, Heide 69
Schnebel, Dieter 60, 127
Schneider, Claudia 121
Schneider, Jürgen 121
Schnittke, Alfred 136
Scholl, Mehmet 81
Schröder, Gerhard 11, 58, 101, 111, 113, 124, 126, 128, 139, 140, 141
Schult, Jürgen 99
Schumacher, Michael 110
Seed, Richard 122
Seemann, Karl-Henning 59
Seite, Berndt 104
Seiters, Rudolf 141
Seizinger, Katja 47, 127
Seselj, Vojislav 121
Sicharulidze, Anton 48
Sinatra, Frank 82, 130
Singer, Israel 136
Sloothaak, Franke 140
Solms, Hermann Otto 141
Sommer, Ron 35
Spencer, Charles Graf 134
Spielberg, Steven 138
Starr, Kenneth 107, 137
Steeb, Carl-Uwe 80
Steuer, Ingo 48
Stielike, Uli 105
Stoiber, Edmund 104
Störmer, Horst 141
Strehler, Giorgio 121
Struck, Peter 113, 141
Suharto 130

Suker, Davor 90
Sutherland, Peter 136

Tauziat, Nathalie 134
Thierse, Wolfgang 113, 141
Tietze-Ludwig, Karin 123
Töpfer, Klaus 95, 119, 123
Torriani, Vico 125
Tosovsky, Josef 120
Trapattoni, Giovanni 81
Trichet, Jean-Claude 75, 118
Trimble, David 141
Trittin, Jürgen 35, 102, 141
Tschernomyrdin, Viktor 106, 129, 137
Tucker, Karla Faye 124

Ullrich, Jan 100, 136

Videla, Jorge Rafael 132
Vilsmaier, Joseph 132
Vlaovic, Goran 90
Vogel, Wolfgang 136
Vogts, Berti 12, 90, 105, 138
Völker, Sandra 40
Vollmer, Antje 141

Waigel, Theo 102, 104, 119
Walser, Martin 116, 140
Wang Dan 128
Wei Jingsheng 20, 119
Weizman, Ezer 126
Wenders, Wim 132
Wieczorek-Zeul, Heidemarie 141
William, britischer Prinz 22
Wilson, Carl 124
Winslet, Kate 57
Wörns, Christian 90
Wötzel, Mandy 48

Yuan Yuan 40

Zeller, Martina 48
Zeman, Milos 133
Zenawi, Meles 137
Zhu Rongji 127
Zidane, Zinedine 89
Zwick, Johannes 120

SACHREGISTER

Afghanistan
- Erdbeben 52
- Konflikt mit Iran 109
- Situation der Frauen 127
- US-Angriff auf Bin-Laden-Stützpunkte 97
Ägypten 15
Althorp 134
Amoco 136
Anschläge
- Daressalam 97
- Luxor 15
- Nairobi 97
- Omagh 96
Arbeitslosigkeit 55
Architektur
- Belt-Brücke 85
- Berlin Potsdamer Platz 112
- Berlin Reichstags-gebäude 112
- Japan Hängebrücke 69
- Leipzig Bahnhof 17
- London Millennium Dome 85
Atompolitik 59, 76, 78, 132
Außenpolitik
- Buzek in Bonn 124
- Herzog in Südafrika 126
Australien 60
Automobilindustrie
- Daimler-Chrysler-Fusion 78
- New Beetle 33
- Rolls-Royce 134

Baden-Baden 74
Bahn AG 83, 84
Bangladesch 7
Bayern
- Abtreibungsrecht 141
- Landtagswahl 104
Belgien 70
Berlin
- Berlinale 56
- Guggenheim-Aus-stellungshalle 17
- Handball-Weltmeister-schaften Frauen 27
- Love Parade 91
- Luftbrücken-Jubiläum 79
- Mauer-Museum 135
- Potsdamer Platz 112
- Reichstagsgebäude 112
BMW 134
Bogotá 71
BP 136
Brasilien
- Präsidentschaftswahl 140
- Waldbrände 62
Budapest 99
Bulgarien
- EU-Beitritt 26
- Mode 74
Bundesregierung
- Bötsch-Entlassung 121
- Kanzlerwahl 113
- Rot-grüne Koalition 111
Bundestagswahl 11, 58, 101, 102
Bundeswehr
- Eurofighter 119
- Roeder-Skandal 26
Bündnis 90/Die Grünen
- Benzinpreis 58
- Bundestagswahl 101, 102
- Garzweiler 35
- Koalition mit SPD 110

Cavalese 53
CDU
- Bundestagswahl 101, 102
Chile 110

China
- Ausreise Wei Jingsheng 20
- Clinton-Besuch 87
- Hochwasser 95
- Jelzin-Besuch 21
- Ministerpräsidenten-wechsel 127
- Staudamm 21
- USA-Reise Jiang Zemin 20
Chrysler 78
CSU
- Bundestagswahl 102
- Landtagswahl Bayern 104

Daimler-Benz 78
Dänemark
- Belt-Brücke 85
- EU-Referendum 130
- gestrandete Wale 29
- Streiks 73
Daressalam 97
Demonstrationen
- Arbeitslosigkeit 55
- Bauernproteste Frank-reich 73
- Castor-Transporte 59
- Kinderarbeit 38
- Love Parade 91
- Schülerproteste Frank-reich 114
- Studentenproteste Deutschland 17
Detroit 33
Deutsche Telekom 35
Düsseldorf 80

Erdbeben siehe Natur-katastrophen
Erpressungen 27
Eschede 83, 84
Estland 26
Euro 75
Europäische Union
- Erweiterung 26
- Euro 75
- Schengener Abkommen 63
- Tabakwerbeverbot 76
- Volksabstimmung Dänemark 130
Evangelische Kirche 118
Evionnaz 132
Expo 76

FDP
- Bundestagswahl 102
Fernsehen
- Grand Prix d'Eurovision 82
- Lottoziehung 123
Film
- Berlinale 56
- „Ganz oder gar nicht" 32
- Orden für Spielberg 138
- Oscar-Verleihung 57
- „Titanic" 5, 57
Finanzkrise
- DAX 116
- Südostasien 54
- Yamaichi Securities 23
Florida 87
Flugzeugabstürze siehe Unglücksfälle
Formel-1 110
Frankreich
- Bauernproteste 73
- Fernfahrerstreiks 19
- Fußball-WM 12, 14, 88–90
- Schülerproteste 114
- Tour de France 100
Friedensnobelpreis 116
Fußball
- Bundesliga 81

- Bundestrainer 105
- DFB-Pokal 81
- FIFA 132
- Weltmeisterschaft 12, 14, 88–90

Garzweiler II 35
Geiselnahmen
- Drach gefaßt 127
- Somalia 64
Gen-Datei 64
Großbritannien
- Anschlag Nordirland 96
- Diana-Museum 134
- Friedensabkommen Nordirland 68
- Goldene Hochzeit Windsor 22
- Pinochet-Festnahme 115

Hamburg
- Hanse-Marathon 129
- Senatsbildung 118
Handball 27
Hochschulen 17
Hochwasser siehe Natur-katastrophen
Hongkong
- Leichtflugzeug 72
- Vogelgrippe 31

Indien 76
Indonesien
- Finanzkrise 54
- Suharto-Rücktritt 130
Insulin 62
Internationaler Wäh-rungsfonds 54
Irak 51, 52
Iran
- Chatami-Interview 122
- Konflikt mit Afghanistan 109
- Rushdie-Urteil 109
Irkutsk 25
Irland 68
Islamisches Opferfest 67
Israel
- Friedensgespräche 114, 139
- Levy-Rücktritt 122
Italien
- Mure 137
- Regierungswechsel 141
- Schengener Abkommen 63
- Schlammkatastrophe 130
- Seilbahnunglück 53

Japan
- Finanzkrise 54
- Hängebrücke 69
- Olympische Winter-spiele Nagano 43–49
- Yamaichi Securities 23
Jerusalem 67
Jubiläen
- Brecht-Geburtstag 56
- Luftbrücke Berlin 79
Jugoslawien 9, 94
Jülich 65
Justiz
- Hinrichtung Karla Faye Tucker 124
- Schneider-Urteil 121
- Una-Bomber-Urteil 123

Kambodscha 71
Karibik 108
Katholische Kirche
- Mord im Vatikan 130
- Papst auf Kuba 38
- Schwangerenberatung 34
Kinderarbeit 38
Klima
- Deutschland 36

- El Niño 53, 62, 87, 95
- Klimagipfel Kyoto 120
Klonen 122
Kongo (Demokratische Republik) 96
Konstanz 55
Korea
- Hilfslieferung 86
- U-Boot 86
Kosovo 9, 94
Kuba 38
Kunst
- Berlin Guggenheim-Ausstellungshalle 17
- Dalí-Gemälde 39
- Walmajarri 60
Kyoto 120

Landminen 31
„Lauschangriff" 59
Lassing 92
Leichtathletik
- Europameisterschaften 99
- Hanse-Marathon 129
Leipzig
- „Majakowskis Tod – Totentanz" 60
- Neuer Hauptbahnhof 17
Lettland 26
Lewinsky-Affäre 107
Lissabon 76
Literatur
- Friedenspreis des Deut-schen Buchhandels 116
- Literaturnobelpreis 141
Litauen 26
London 85
Ludwigsdorf 55

Mannheim 39
Marion Roussel 62
Mecklenburg-Vorpommern 104
Mehrlingsgeburten 23
Microsoft 123
„Mir" 35
Mode 24, 74
Mohovce 132
München 24
Münster 115, 132
Musik
- Carreras-Gala 32
- Festspielhaus Baden-Baden 74
- Grand Prix d'Eurovision 82
- Levine nach München 24
- Love Parade
- „Majakowskis Tod – Totentanz" 60

Nagano 43–49
Nahost-Friedensprozeß 114, 139
Nairobi 97
Naturkatastrophen
- Erdbeben Afghanistan 52
- Hochwasser Bangladesch 7
- Hochwasser China 95
- Schlammkatastrophe Italien 130
- Schlammkatastrophe Spanien 70
- Waldbrände Brasilien 62
- Waldbrände Florida 87
- Wirbelstürme Florida 53
- Wirbelstürme Karibik 108
Neu-Delhi 72
Niedersachsen
- Landtagswahl 58
- Preussag-Kauf 124
Nigeria 134

Nordirland
- Anschlag 96
- Friedensabkommen 68
- Friedensnobelpreis 141
Nordrhein-Westfalen
- Bundesgartenschau 65
- Garzweiler II 35
- Ministerpräsidenten-wechsel 79
Olympische Winterspiele Nagano 43–49
Omagh 96
Osnabrück 37, 115, 132
Österreich
- Bergwerksunglück Lassing 92
- Präsidentschaftswahl 69
- Schengener Abkommen 63
Ottawa 31

Pakistan 76
Palästinenser 51, 114, 139
PDS
- Bundestagswahl 102
- Landtagswahl Mecklen-burg-Vorpommern 104
Philippinen 38
Polen
- Buzek in Bonn 124
- EU-Beitritt 26
- Jugendkrawalle 34
Presse 124
Preussag AG 124

Raumfahrt 37
Rechtschreibreform 92
Reiten 140
Rolls-Royce 134
Rom 93
Rote Armee Fraktion 129
Rumänien 26
Rußland
- Finanzkrise 106
- Jelzin in China 21
- Ministerpräsidenten-wechsel 106, 129
- Zaren-Gebeine 134

Sachsen-Anhalt 65
Schengener Abkommen 63
Schwartauer Werke 27
Schweden 139
Schweizer Banken 136
Schwimmen 40, 41
Skisport 41 (siehe auch Olympische Winter-spiele)
Slowakei
- AKW Mohovce 132
- EU-Beitritt 26
Slowenien 26
Somalia 64
Spanien
- Dalí-Gemälde 39
- Pinochet-Festnahme 115
- Schlammkatastrophe 70
SPD
- Bundestagswahl 101, 102
- Kanzlerkandidat 58, 128
- Koalition mit Bündnis 90/Die Grünen 111
- Landtagswahl Mecklen-burg-Vorpommern 104
- Landtagswahl Nieder-sachsen 58
- Landtagswahl Sachsen-Anhalt 65
Streiks
- Dänemark 73
- Frankreich Trucker 19
Südafrika
- Herzog-Besuch 126
- Mandela-Hochzeit 93

- Wahrheitskommission 120
Sudan 97
Sumatra 31

Tabakwerbeverbot 76
Tennis
- Australian Open 42
- Wimbledon 134
- World Team Cup 80
Texas 124
Tour de France 100
Tschechien 26
Türkei 26

Ungarn 26
Unglücksfälle
- Bahnunglück Eschede 83, 84
- Bergwerksunglück Lassing 92
- Flugzeugabsturz Bogotá 71
- Flugzeugabsturz Irkutsk 25
- Flugzeugabsturz Sumatra 31
- Flugzeugabsturz Swiss Air 108
- Mure Brennerautobahn 136
- Seilbahnunglück Cavalese 53
UNO
- Klimaschutzgipfel 120
- Konflikt mit Irak 51, 52
- Weltstrafgericht 93
USA
- Angriff auf Giftgas-fabrik Sudan 97
- Angriff auf Bin-Laden-Stellungen 97
- Anschläge auf US-Botschaften 97
- Ausreise Wei Jingsheng 20
- Besuch Jiang Zemin 20
- Clinton in Afrika 127
- Clinton in China 87
- Lewinsky-Affäre 107
- Una-Bomber-Urteil 123

Viagra 127
Vogelgrippe 31
Volkswagen AG 33, 134

Wahlen
- Bundestag 11
- Landtag Bayern 104
- Landtag Mecklenburg-Vorpommern 104
- Landtag Niedersachsen 58
- Landtag Sachsen-Anhalt 65
- Parlament Schweden 139
- Präsidentschaft Brasilien 140
- Präsidentschaft Österreich 69
Waldbrände siehe Natur-katastrophen
Wale 29, 138
Weltstrafgericht 93
Westfälischer Friede 115, 132
Wirbelstürme siehe Naturkatastrophen

Yamaichi Securities 23

Zollbeamte 55
Zypern 26

Das Sachregister
erfaßt nur bebilderte
Meldungen.

WER WAR KULT?

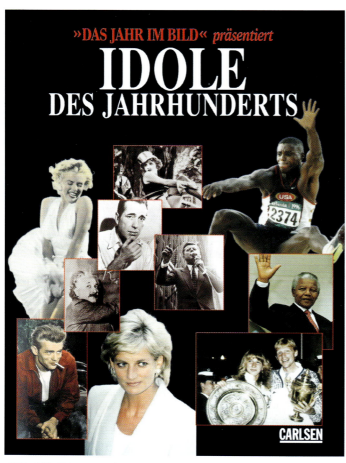

**»DAS JAHR IM BILD« präsentiert
Idole des Jahrhunderts**
128 Seiten
Durchgehend farbige und s/w Fotos
21 x 26 cm
Gebunden
ISBN 3-551-45312-8
DM 39,90 / öS 291,– / sFr. 37,–

Kein Jahrhundert zuvor wurde so durch Idole geprägt wie unseres, das 20. Jahrhundert, ein Jahrhundert der Medien. Ob Filmstars oder Musiker, Sportidole oder Revolutionshelden, ob geniale Wissenschaftler oder begnadete Sänger – Menschen wie Einstein und Gandhi, Charlie Chaplin oder Madonna, John F. Kennedy und Muhammed Ali haben die Menschen ihrer Zeit begeistert und nachhaltig geprägt. In eindrucksvollen Fotos und persönlichen Texten wollen wir an die herausragenden Männer und Frauen erinnern, die ihrer Zeit den Stempel aufgedrückt haben, die Geschichte schrieben und die Welt im Großen wie im Kleinen veränderten.

CARLSEN

Das Jahrhundert-Buch für die ganze Familie